U0726682

高校财务管理与审计实务研究

GAOXIAO CAIWU GUANLI YU SHENJI SHIWU YANJIU

李盛贤 著

哈尔滨地图出版社

Harbin Cartographic Publishing House

图书在版编目（CIP）数据

高校财务管理与审计实务研究 / 李盛贤著 .—哈尔滨 : 哈尔滨地图出版社 , 2023.10

ISBN 978-7-5465-2832-8

Ⅰ.①高…Ⅱ.①李…Ⅲ.①高等学校—财务管理—研究②高等学校—内部审计—研究 Ⅳ.① G647.5 ② F239.66

中国国家版本馆 CIP 数据核字（2023）第 196244 号

责任编辑：李 舶
封面设计：苗 惠

出版发行：哈尔滨地图出版社
地　　址：哈尔滨市南岗区测绘路 32 号
邮　　编：150086
印　　刷：哈尔滨市石桥印务有限公司
开　　本：720mm×1 000mm　1/16
印　　张：8.75
字　　数：162 千字
版　　次：2023 年 10 月第 1 版
印　　次：2023 年 10 月第 1 次印刷
书　　号：ISBN 978-7-5465-2832-8
印　　数：1—500
字　　价：42.00 元

前　言

随着高等教育体制改革的不断深入，高校经费的收支规模逐渐增大，收支结构日趋复杂，资金供求矛盾日益突出，对高校财务管理和内部审计提出更高要求。高校财务管理人员和内部审计人员必须充分认识目前财务管理和内部审计存在的问题，并且采取适合的解决措施，只有这样才可以提高财务管理效率，做好内部审计工作，为促进高校持续发展提供有力保障。

本书从高校财务管理模式、高校财务预算、高校财务报告分析指标体系构建、高校后勤财务内部控制体系构建、新时期高校财务审计工作、高校财务信息化与智能化应用等方面对高校财务管理与审计实务进行系统论述，希望能为相关工作人员提供参考。

为了提升本书的学术性与严谨性，在撰写过程中，笔者参阅了大量的文献资料，引用了诸多专家学者的研究成果，因篇幅有限，不能一一列举，在此一并表示最诚挚的感谢。由于时间仓促，加之笔者水平有限，在撰写过程中难免存在不足之处，希望各位读者不吝赐教，提出宝贵的意见，以便笔者加以改进。

作者
2023 年 2 月

目　录

第一章　高校财务管理研究

第一节　高校财务管理目标和管理模式

一、对高校财务管理的理解

（一）高校财务管理的定义

财务管理是有关资金的筹集、投放和分配的活动，财务管理的对象是资金的流转，主要职能是决策、计划和控制，主要内容是筹资、投资和股利分配。关于高校财务管理的内涵和外延，分广义和狭义两种说法，这里主要是从广义的角度来研究高校财务管理。广义的高校财务管理是指高校为了提升自身办学声誉，提高办学效益，完成学校的战略目标，推动高校持续的发展，根据高校自身的实际情况，通过财务部门对学校的各项活动而产生的资源变化进行货币计量和分配调节，执行计划、组织、控制、协调直至评价职能所采取的各种方法和行动。高校财务管理的主要任务是在不违背国家法律法规的前提下，多渠道筹集事业资金，合理编制学校预算并对预算执行过程进行控制和管理，加强学校资产管理，建立健全各项财务规章制度，科学配置学校资源，如实反映学校财务状况，对学校的经济活动进行监督等。

（二）高校财务管理原则

所谓高校财务管理原则是指高校财务管理工作者在进行财务及相关活动时必须遵循的准则，该原则贯彻执行国家有关法律、法规和财务规章制度，反映经济活动的内在规律和基本要求。与企业相比，作为非营利组织的高校，其财务管理原则具有自己的特点。具体来说，根据《高等学校财务制度》规定，高校财务管理应遵循以下几个原则：

1. 依法管理原则

依法管理原则要求高校严格依照国家的相关法律、法规以及财务规章制度规范学校的财务行为。高校财务管理是高校内部管理的重要组成部分，其核心问题是效益问题，它综合反映了高校在科研、社会服务、教学等方面的效益。随着高等教育改革的深入，高校办学过程中的经济行为也趋于多元化，高校的财务管理工作也面临着更为复杂的局面。因此，规范高等学校的财务行为，加强财务管理，提高资金使用效益，以及形成管理活动中的自我约束机制，在高校实行科学管理过程中尤为重要。高校财务管理必须要遵循依法管理的原则,以提高资金的使用效率,推动高校财务管理的健康发展。

2. 多渠道筹资原则

学校经费总收入体现了学校各项事业发展的能力和规模,体现了学校所拥有的综合经济实力,其主要包括财政拨款和学校自筹两部分。其中学校自筹包括学校教育事业收入、科研事业收入、经营收入、附属单位缴款和从社会各界获取的各种收入、各类捐赠赞助等款项。当前投入教育事业发展的经费已无法满足高校办学规模日益扩大的需求。国家实行高校扩招政策,高校办学经费短缺已成为高校发展的主要瓶颈。因此,在高校办学规模日益扩大,高校发展需求资金节节攀高的情况下,高校必须多方面多渠道筹集办学经费,才能满足自身发展需求。

3. 合理配置教育资源原则

由于国家经济发展水平的原因,高等教育资源稀缺,日益增长的教育需求与有限供给的矛盾还将持续相当长的一个时期。因此,研究如何合理配置和有效利用资源,提高资源使用效率,对实施科教兴国战略和提高办学效益具有深远意义。长期以来,由于受管理体制等因素的制约,一方面教育经费紧张、资源短缺等问题突出;另一方面还存在相当程度的资源闲置与浪费。经费严重不足与经费使用效率低下,是影响学校发展的根本问题。当前,高校在拥有一定资源的情况下,应遵循合理配置教育资源的原则,通过加强管理,科学配置和利用现有资源,努力节约支出,提高办学效益,优化支出结构,提高资金使用效率;进行成本效益分析,提高决策的科学性;挖掘人力资源潜力;推动后勤社会化,减轻学校负担;产学研相结合,加快校办高科技产业发展。

二、高校财务管理的目标

(一)高校财务管理绩效

企业财务管理追求利润最大化。而高校却不同,这是由高校不以营利为目的的属性所决定的,财务做到收支平衡即达到财务管理活动的目的。随着高等教育改革的深入,高校办学自主权的进一步扩大,高校办学模式呈现出灵活性、多样化的特征,教育经费投入不足与办学规模的矛盾越来越明显。此外,高校财务管理的内涵与目的也随之发生了变化,现行的高校财务管理模式及目标面临着新的挑战。因此,转变高校财务管理理念势在必行,即使不以营利为目的,也要将效益最大化、可持续发展作为高校财务管理工作的目标,既要注重社会效益,也要追求经济效益，提升竞争力。

（二）高校财务管理目标

财务管理对象是资金运动，从目前高校资金运作情况看，高校财务管理目标应包括预算管理目标、筹资管理目标、财务分析目标。

1. 预算管理目标

预算管理是高校财务管理的核心内容。预算管理的水平，决定了高校资金使用效率。高校发展要完成既定目标，必须建立科学的预算管理体制，进行预算指标评价，实行平衡预算；设立负债偿还基金，保证有足够的资金偿还银行贷款；建立项目经费使用绩效考核制度，提高预算资金的使用效率，确保未来预算安排。总之，预算管理要以科学、合理、高效利用高校资金为目标。

2. 筹资管理目标

高等学校的收入来源主要有财政下拨的教育经费，学校向学生收取的学费、住宿费，银行利息收入，科研经费收入，社会捐赠收入和资产出租收入。各级财政拨款是高校经费来源的主要组成部分，这部分资金属于财政拨款投入，没有资金使用成本。因此，高校应积极与各级政府建立良好的合作关系，尽可能多地争取政府支持。学生拖欠学费是高校的普遍性问题，除了部分学生因家庭贫困交费困难的以外，恶意欠费现象很普遍。目前，高校通过提高学费收缴率来解决资金紧缺问题效果一般。但是，可以通过高校收费制度创新，各职能部门通力配合，齐抓共管，尽量降低欠费率，保障高校经费来源。高校应充分联谊校友，成立校友会、基金会等组织机构，为学校的建设筹集资金。同时，高校应加强资产出租管理，规范管理资产出租收入。多渠道筹措资金是高校财务管理的长远目标。

3. 财务分析目标

以往，高等学校财务管理强调日常会计核算的同时财务决策和财务分析的能力相对较弱。基建经费核算和事业经费核算没有统一，会计信息不完整，缺乏经验分析数据，财务状况不能全面掌控，从而造成财务控制不力，影响了财务管理水平的提高。个人认为，必须改进高校财务报告模式，加强财务分析，遵照制度规定，像企业一样通过财报数据的分析，为学校领导决策提供及时准确的依据。通过经费结构分析、支出结构分析、投资效益分析，达到降低财务风险，提高财务决策和资金使用效率的目标。

三、高校财务管理模式

（一）高校财务管理模式的类型

对于高校财务管理模式的分类，目前绝大多数学者沿用《高等学校财务制度》的规定，即高等学校实行"统一领导、集中管理"的财务管理体制，规模较大的学校实行"统一领导、分级管理"的财务管理体制。也有学者提出学校集中管理、分散管理的混合模式。上述分类反映了高校财务管理模式的基本特点，但与高校实际的运行模式不太一致。这里将高校财务管理的模式分为集中管理模式、准集中管理模式、准分散管理模式和完全分散管理模式四种。

1. 集中管理模式

财务管理的集中管理模式是指财务权力高度集中，学校所有的资金全部由校长、财务负责人或经济管理委员会统一管理。学校只设置一级财务机构，除此之外没有同级或下级财务机构，所有业务必须通过一级财务机构协调处理，统一下拨各项经费预算，统一编制学校综合财务收支计划，统一核算预算外各种创收及制定创收的分配比例。学校有统一的财务制度，各院系没有制定本部门财务规章制度和实施办法的权利。

2. 准集中管理模式

财务管理的准集中模式就是指高校将大部分资金留在校级统一调度使用，教工工资、水电费支出以及大部分开支由学校及其职能部门控制。各学部院、系对学校分配给他们的资金以及自己创收的一部分拥有一定的自主权，对本部门能够控制的开支有制定财务管理办法的权利。

3. 准分散管理模式

这种管理模式与准集中管理模式相比，扩大了学院对资金的支配权和控制权。学校将国家教育事业费拨款中可供调配的资金（不含专项资金）的很少部分供学校本级安排使用，剩余资金则完全分配给各学院，由学院支配和使用。学院要根据学校的财经政策和规定结合本院实际发展态势，编制学年经费的预决算，制定内部分配政策，接受学校财务部门的指导和考核。学院有权自行安排学校分配的经费和学院的各种创收收入，实现资源在院内的优化流动和配置。在这种模式下，学院在对经费的调控指挥方面有较大的空间，对于收入和支出学院有权支配和控制。而专项资金则不能与其他经费一起由学院统一调控。

4. 完全分散管理模式

完全分散管理模式就是校院两级管理中以学院为主导的财务管理模式，也就是国外的责任中心管理。这是一种基于分散财务权利和责任的财务管理模式，其前提是学校有权对所有收入进行调节使用。在这种模式下，虽然仍是由学校实行统一领导，但是学校只留下很少部分维持行政部门运转的经费和一部分应急经费，将绝大部分资金分配给学院。学院可以根据事业发展需要对学校分配的各项经费进行调整、使用。分散管理模式使学院能够更加直接地参与预算的制定和资源的配置过程，加强了各学院预算及资源分配的灵活性，有效地解决资源不足所带来的问题。

（二）高校财务管理模式选择原则

1.财务管理目标应当与学校战略目标相一致

财务管理是高校整体管理中的一个子系统，财务管理目标是学校发展战略目标的一个子目标，必须与学校最高目标保持一致，以便通过开展财务管理工作促进学校战略发展目标的实现。高校财务管理的目标必须紧密围绕高校发展战略目标，在战略上两者方向是一致的。

2.经济效益与社会效益的协调统一

社会效益是高校培养人才、服务社会的责任所在。追求社会效益、培养优秀人才、创新技术和提供精神产品是高校基本目标，是高校的职能决定的。高校要维持正常的运转，必须有经济基础，必须符合市场经济的规律。通过追求经济利益，高校的经济运营才能良性循环。高校财务管理的目标既要突出经济效益，又不能仅限于经济效益，它必须追求社会效益与经济效益的协调统一。

3.战略性目标与具体目标的有机结合

战略性目标着重学校的长远利益，谋求学校的长远发展；具体目标则强调高校的近期利益，关心当前的经济利益。战略目标必须通过一系列的具体目标来实现。战略目标指导具体目标的制定。社会效益、经济效益有眼前和长远之分，学校既要考虑眼前的利益，又要考虑长远的利益。在资金的投入上，不是简单地看投入，而是要看在谋取学校的战略办学资源方面是否最有利，如优秀人才的引进，对重要科研项目的支持，结合高校的条件占领科技研究先进领域等，有利于综合实力的提高，这些对高校的影响是长远的，具有战略意义。实现这些目标又必须通过具体的财务安排和资金的筹集才能实现。

4.高校内各主体利益的综合平衡

高等学校经济活动中涉及国家、集体、个人三者利益关系，要正确处理好局部与全局的关系、坚持按劳分配、合理制定激励政策，调动各方面积极性。无论制定何种财务政策和财务资金安排都必须合理兼顾国家、学校、教职工、学生的利益。使得学校的各项投入恰当、支出合理、效益明显、前景良好，各方面的积极性能够调动起来，财务分配政策应保持动态平衡，获得各利益主体的信任和支持，才能使高校教育事业稳步发展，达到财务管理优化的目标。

第二节 高校财务管理模式变迁与创新

一、高校财务管理的发展变迁

从教育投入体制的历史发展进程来看，高校财务管理模式的发展主要经历了三个历史阶段。第一阶段为中华人民共和国成立到改革开放之前，这一阶段受国家经济体制的影响，国家财政拨款作为高校的几乎全部的资金来源，高校财务管理模式呈现出"统收统支、分级包干"的特点。从改革开放之后到 20 世纪 90 年代中期是中国高校财务管理模式的第二阶段，这一阶段高等教育经费由中央财政按计划下达，部属院校经费由中央负责，地方院校由地方财政负责，所以，高校财务管理模式形成了向多元化发展的趋势。第三阶段为 20 世纪 90 年代中期至今，这一阶段高校财务组织结构基本采用职能制，即财务部门统一管理学校总体财务工作，下设会计核算科与出纳科，其他科室各校根据自己的具体情况进行设置，如有的学校设置预算管理科、财务管理科、科研管理科和综合管理科等，有的学校增设了稽核室、基建财务科和国有资产管理科等科室，有的学校还设立了重大项目资金管理科，许多高校还都设立了二级财务核算机构。

二、高校财务管理现存问题

（一）领导体制不完善

第一，经济责任难以落实。不管是"统一领导、集中管理"模式，还是"统一领导、分级管理"模式，高校财务管理体制都必须"统一领导"，也即学校财务工作实行校（院）长负责制。然而，一旦出现投资失误或资金流失，校长、副校长和财务处长、基建处长、资产处长等谁应负什么责任，谁是第一责任人，模糊不清。"统一领导、分级管理"虽然在一定程度上理顺了校内财务关系，但是高校二级院系主管基本上只是享受权利，而无实质义务，经济责任没有真正落实到人。

第二，总会计师定位笼统。虽然《高等学校财务制度》进一步明确了总会计师的职权职责，但是仍然定位笼统。总会计师协助校（院）长管理学校财务工作，也意味着总会计师接受"统一领导"，只是校（院）长的"财务助理"；总会计师承担相应的领导和管理责任，也没有从实质意义上规定其具体行为责任。总之，高校总会计师被定位成战略意义上的财务管理策划者以及方向意义上的财务实施理念引导者，没有具体的行为准则和工作内容，显得有些笼统。另外，在实际工作中，有的高校管理者不愿意总会计师参与，有的总会计师身兼数职，这些均影响总会计师功能的发挥。

（二）运行机制不科学

第一，财务资源配置繁杂。从现实情况看，高校在一级财务机构下设置后勤、科技开发、校办产业及基本建设等部门的二级财务机构，这样一来，高校就会出现财务资源配置繁杂的局面。首先，分级管理的最直接结果就是学校形成一支庞大的会计队伍，并且这些人员来自不同级别的财务机构，数量较多容易造成财务人力资源利用效率不高；其次，高校内部财务管理工作人员需要一定的办公空间和基本设备，而会计人员数量和管理单位的增多无疑会扩大高校财务部门的物质基础建设；再次，高校财务集中管理的优点在于统一的财务方针政策、财务规章制度及财务事项，便于管理和执行，而分级核算由于各个财务单位和组织整体不一，管理难度加大，学校内部财务正常运转效率难以提高。

第二，绩效评价管理缺乏。新修订的《高等学校财务制度》第二十八条明确要求高校应当加强支出管理，厉行节约。但目前，大部分高校财务管理只注重事前预测和事中控制，缺乏事后控制，其实事前预测只是一种预算管理，而事后控制则属于绩效评价，在此意义上，事后控制才具有指导、激励、明示的作用。绩效评价能够根据指标计算出资金的使用效率，量化财务责任人的考核结果，这也正是高校财务管理体制所缺乏的。

（三）不重视队伍建设

教育部、财政部下发的《关于高等学校建立经济责任制加强财务管理的几点意见》中强调：必须做好各级经济责任人和各级财会人员的上岗培训工作。然而，受固有体制和传统思想的影响，高校财务管理队伍建设仍然得不到应有的重视，这在一定程度上造成了财务管理人员综合素质不够高，尤其在管理方面表现得更为突出。一方面，高校财务管理人员重视财务核算，缺乏正确的效益观念和理财意识，缺乏对高校综合财务能力、校内各部门资源配置与利用能力、学校对外投资收益能力、高校社会贡献能力等方面的分析，而这些正是当今高校财务管理体制所急需的。另一方面，随着知识型社会和信息化时代的到来，知识更新周期变短，而高校一部分财务管理人员缺乏了解新知识、掌握新技术的积极性，并且学校财政主管领导和部门组织培训和考察的机会较少，不重视财务人员队伍建设，跟不上高校改革的步伐。

（四）高校财务管理职能与其他部门职能交叉边界不清

目前，高校中与资源相关的主要有财务、人事、基建、资产、设备管理和图书六个方面，它们分别由六个部门管理，并且信息处理系统各自独立运作。各高校的这六个部门都必须分别向上级主管机构报送数据，按照各部门的要求，建立各自的信息处理系统。这样的业务体系存在管理机构重叠，资源管理分散，浪费人力，资源利用难以统筹等弊端。而财务部门仅承担预算控制、会计核算和现金出纳等财务职能。

三、高校财务管理模式的创新探索

（一）创新的基本原则

1. 必须坚持"宏观主控，微观适调"的原则

为了克服计划经济条件下财务管理模式的弊端，在确立财务管理模式时必须坚持"宏观主控，微观适调"的原则。因为在分级管理模式下学校各单位不是独立于学校财务管理部门的分散自主的财务，而是在学校的宏观控制下的分权分级的财务管理模式。因此，在整个学校财务的运行过程中，宏观管理始终处于主导地位，对分级管理起着指导和制约作用。

2. 必须处理好责、权、利的关系

建立高校财务管理模式的核心问题就是要处理好学校集权与分权的关系，要把学校领导的统一性和基层单位的独立性有机结合起来，使资金既能从宏观上有效地得到利用，又能给基层单位一定的财权，承担相应的经济责任，调动学校和基层两方面的积极性。

3. 必须与市场经济大环境相适应

随着社会主义市场经济的不断完善，高等学校的资金来源打破了过去依靠政府或主管部门的单一收入模式，资金筹措渠道逐渐增多，资金需求量逐渐加大。因此，财务管理模式必须适应新形势的变化，必须将市场观念导入财务管理中，以价值规律和市场为导向，调节学校人、财、物各方面的需求和供给，逐步适应市场经济的发展。

4. 必须与高校自身的管理体系、发展模式相适应

财务管理是高校管理工作的重要一环，因此，财务管理模式必须与学校的管理体系相适应，必须与学校的改革与发展相适应，必须从学校的办学规模、教学及管

理模式、财力大小、甚至历史沿革等情况出发选择管理方式和管理办法，形成自己独特的、科学的、适应本校发展的财务管理模式，达到为学校的改革与发展提供支持、为学校的教学和科研提供服务的目的，这样才能促进学校各项事业的发展。

（二）创新的基本思路

1. 建立高校新的管理体制

第一，打破垄断，构建三足鼎立（政府、社会、高校相融合）的办学体制。首先要打破高等教育垄断的格局，进一步开放市场，完善办学体制。

第二，提高高校的法人意识。政府要为高等教育的发展创造良好的制度环境、法律环境，完善教育市场的竞争规则等。高等学校自主办学，不仅要政府支持，而且要求高校本身具有法人意识。因此，高校对内部的管理就是要建立适应市场竞争的现代管理制度，因为随着市场经济和国际竞争的进一步发展，高校从政府控制走向市场制度运作是一个总的趋势。

第三，健全和完善高等学校的自我约束机制，调动高校自主办学内在自律行为。因此，在高校自己办学的原则下高校应进一步健全自我约束的管理机制，让高校按照市场经济的要求和社会经济发展的需要，形成自我约束，自我发展的办学实体。

2. 建立高校新的组织结构模式

第一，高校组织结构模式的设计和建设必须把直线制和职能制结合起来。直线制主要解决的问题是指挥统一、层级管理的问题。高校存在着直线制和职能制双重结构的统一，因为单独使用直线制和职能制都存在缺点，所以选择直线－职能制组织结构是最佳选择。直线制和职能制的结合既没有削弱直线制的职权也没有限制职能权力作用的发挥，两种模式在同一组织层面上发挥着不同的作用。

第二，高校组织结构的设计和建设必须把集权和分权结合起来。高校内部，一般说来，校长掌握全局性、战略性、长期性问题的决策权，而各院系则必须在适当的授权下对本部门辖内的教学及经费使用等进行管理。特别是在信息时代，上级部门和下级部门在信息掌握上几乎是同步的，但上级部门和下级部门关注问题的角度往往不同，上级部门从全局角度对问题进行决策而下级部门只能在上级部门的决策和规定下进一步落实和执行。所以把集权和分权有效结合是组织结构设计的重要因素。

（三）创新的内容

1. 高等教育体制的改革影响高校财务管理模式

国家颁布的《关于教育体制改革的决定》中明确提出，必须从教育体制入手，系统地进行改革。改革管理体制，在加强宏观管理的同时，坚决实行简政放权，扩大学校的办学自主权。自 20 世纪 90 年代中后期以来，根据《中国教育改革和发展纲要》的精神要求，中国的高等教育按照"共建、调整、合并、合作"的方针对高校管理体制进行了进一步地改革。总体来讲，这些改革使得学校办学自主权逐步加大，为高校内部实行校院两级管理，提高学院办学积极性提供了政策依据，也使得高校在财务管理模式的选择上有了一定灵活性。

2. 财政拨款体制和支付方式影响高校财务管理模式

政府拨款方式直接影响着高校财务管理的模式。例如，由于近年的部门预算改革和国库集中支付改革，部属高校和一些地方院校拨款收入中专项拨款大大高于正常经费拨款，由于专项拨款具有专款专用的性质，再加上国库集中支付，高校对这一部分财源的控制权很小，也就是说，高校不能对其所有收入进行自由调控。所以，在目前这种以国家拨款为主体的高校中，财政管理体制对高校财务模式的选择有着很直接的影响。

3. 高校经费来源多元化影响财务管理模式

随着教育事业的发展和教育改革的不断深入，学校的经营收入和捐赠收入等其他经费来源逐渐增加。资金来源渠道的多元化使得高等学校财务管理对象由原来简单的预算收支流量管理转变为对学校的资金、资产和资本进行全面核算，更加重视教育投资的绩效和投资回报率。这些变化使得高校财务管理的职能扩展到产、学、研的各个环节，要求核算和绩效考评具体化、精细化。

4. 高等教育规模的扩大影响财务管理模式

为了更好地满足社会发展的需要，从 1999 年开始高校实行扩招政策。在扩招初期，由于高校规模扩大，高校要想快速发展，就需要集中财力办大事，因此，学校必须采取集中管理的财务管理模式，以提高资金的使用效率。近几年来，高校大规模扩招所导致的财务问题已开始显现，银行贷款还款压力剧增、运行经费紧张等成为困扰学校发展的重要问题。在这种情况下，集中式财务管理模式的弊端也逐渐暴露出来。高校内部管理效率不高，权责不清，学院办学积极性下降，办学绩效受到很大影响。为了应对这些挑战，高校不得不从粗放的管理转向精细的管理，力求节约资金，提高资金使用效率。一些高校采取财权下放的改革措施，取得了一定的成效。

第二章　高校财务预算

第一节　高校财务预算管理概述

财务预算管理贯穿高校资金筹集、分配和使用的全过程，是高校财务管理的重要组成部分。当前，随着高等教育体制改革的不断深入，高校经费的收支规模逐渐增大，收支结构日趋复杂，资金供求矛盾日益突出。以认识目前教育市场环境及现行高校预算管理体制的特点为基础，把目标管理、部门预算有机结合起来，建立以目标为指引、以预算为主线、以部门为基础、以项目为单元的完善的预算管理体系，对推进我国高等教育事业的健康快速发展具有重要的意义。

一、高校财务预算管理的内容与作用

预算是高校经济活动的重要组成部分，高校预算包括部门预算和内部预算。部门预算是根据财政部门的要求在规定时间内编制完成的，具有一套完整的流程和固有的编制模式，是对外公开使用的一种预算形式。在预算管理一体化下，部门预算仍旧是采取之前的"二上二下"编制方式，只不过编制系统有所变化。内部预算则是高校自行组织开展，一般由财务部门主导，各院系、职能部门参与编制的，根据学校各项事业发展计划和任务编制完成的年度财务收支计划，是只在高校内部使用的一种预算形式。鉴于部门预算的约束性和规范性，这里财务预算管理主要是从高校的内部预算方面考虑。

预算管理是确保高校资金规范使用而进行一系列的组织、调节、控制和监督活动的总称，是高校各项经济活动的前提和依据，科学合理的预算关系到高校各项事业的顺利实施和发展，可以促进高校切实履行自身职能，科学配置办学资源，提高资金使用效率，进而提升高校办学综合实力。为保证高校各项收入和支出的合法合规，有效发挥预算的调控和监督职能，高校有必要实行和强化预算管理。同时，加强预算管理还有助于高校构建整体收支框架，规范财务行为，增加财务透明度，有效防范财务风险，保障和促进高校教学、科研事业的稳步发展。

二、高校财务预算管理转型的必要性

高校财务预算管理转型可以对高校财政支出中的决定性核算报表、财政资源分配计划做出准确判断，提高高校财务预算管理的工作效率和工作质量。转型前，高校在进行会计核算时，通常以"收付实现制"作为基础理论开展工作。这种会

计核算方法只能对高校实际发生的收入和支出进行核算，限制了高校的财务核算范围，甚至还会影响高校的资源分配和债权管理。而转型后的高校财务预算管理可以扩大核算范围，提高核算的准确性。在对高校固定资产进行核算时能够对折旧资产、员工绩效等方面进行预测和估计，准确核算出高校的固有资产，提升高校财务管理的工作质量。

财务预算管理转型前，高校不能科学合理地安排校内资源，不能准确记录学校的收入和支出情况，降低了高校教育成本核算的准确性。而高校财务预算管理转型后，能促进高校财务会计制度的完善，保证学校会计人员能全面核算校内资源等，确保校内资金流向明晰。同时，高校财务预算管理转型后，根据计划合理分配校内资源，加深会计人员对教育成本核算的了解，还能更加明确地记录高校的财政收入和支出，使教育成本核算更能体现高校的真实情况。

三、新预算法对高校财务预算管理的主要影响

（一）高校认识到预算管理的重要性

新预算法的颁布和实施对高校财务预算管理最根本的影响就是扭转了高校对预算管理的认识，使其意识到财务预算管理的重要性。首先高校管理者应该意识到财务预算管理工作不仅是财务部门的工作职责，而且关乎整个学校的持续发展。在这一认识基础上，管理者要强化预算管理工作的重要性意识，加强对预算管理的监管。在管理者领导下带动其他相关部门参与到预算管理当中，让各部门意识到预算管理工作的重要作用，配合财务部门进行预算管理工作。管理者还要重点关注财务预算人员对该项工作的重视程度，确保其能够以认真负责的态度面对财务预算管理工作，提高财务预算管理工作的质量。

（二）高校预算管理更加精细化

在新预算法中，有条例明确规定要加强财务预算管理的精细化程度，这也有助于各高校对预算管理工作进行细化。在预算管理的整个过程中，各个环节从预算编制到最终决算，都要严格按照功能或者经济类别进行分类并细化，并保证形成一个工作体系。财务预算管理人员要以绝对的严肃性和认真性对待预算管理工作，要细化工作中的每个环节。各部门应该配合财务部门将所有收支情况细化上报，财务部门要结合各部门的实际发展情况进行严格的审核后再做出结论。在预算管理全过程中，要加强监管力度，完善相应的工作制度，对工作中各环节内容进行细化和提出明确要求，保证预算管理工作的精细程度。

（三）有利于高校建立完善的考核体系

在新预算法中，对财务预算管理中的绩效考核提出了明确规定和要求，这有利于高校对预算管理建立完善的考核体系。考核体系有助于预算管理工作的高效进行，对预算管理人员具有约束和激励作用。在考核体系中要重点对资金的支出情况进行考核，这样才能提高财务人员成本意识。在考核体系中，应将财务预算管理中的预算编制和预算执行进行分类评价和分析，将考核结果作为财务人员工作情况的奖惩参考，如此才能真正提高预算管理人员对工作的重视程度，推动预算管理工作更加有序、高效地进行。

（四）有利于高校完善预算管理组织机构设置

完善的预算管理组织机构，是促进全校参与预算管理工作的基础保证，有利于预算管理工作在完善的机构管理下更科学、规范地进行。高校的预算管理组织机构应主要从三个方面设立：首先是决策方面的组织机构，这一管理机构主要负责预算管理工作的编制、审批、评价等决策性的工作内容，一般由主要校级领导、相关专家等组成；其次是实际工作中的组织机构，这一机构主要负责预算管理中的执行、监督、汇总等内容，确保预算管理工作有序进行，这一组织机构由主要财务领导、相关财务人员以及各部门主要负责人组成；最后是执行方面的组织机构，这一机构主要负责预算编制的方案起草，执行已批准的方案，分析执行情况等，具有具体执行和监督职能，主要由学校内各个部门构成。在这样健全的管理组织机构下，方能够确保预算管理工作的条理性和规范性。

（五）促进高校拓展融资渠道，规避财务风险

经费不足、财务风险较大是目前高校需要重点解决的问题，也是预算管理面临的首要问题。为了解决这一问题，高校可以拓展融资渠道，除了向银行借贷外，还可以通过多方合作获取资金支持，比如校企合作和加强技术投资等，这可以有效解决经费不足的问题。在向银行借贷的过程中也要注意一些重要领域的资金投入，如重大科研项目、重要学科等，要注意优化债务结构。在向银行借贷之前，高校应该成立专门的讨论小组，在财务人员、校管理人员等的多方参与下拟定具体的借贷方案，确保做好后期借贷效益的评估。加强对借贷资金的使用管理，可以有效规避财务风险，有助于推动财务预算管理工作的进行。

（六）促进财务管理人员能力素质的提升

提升财务预算管理人员的能力和素质是促进财务预算管理工作高效进行的核心。新预算法的实施对预算管理提出了更高的要求，也为预算管理人员带来了挑

战，预算管理人员需要不断提升专业素质来高效地完成财务预算管理工作。首先，学校应该加强对财务人员业务能力的培训，使他们通过交流学习掌握更多的专业技能。其次，财务人员应该在平时工作中增强实践能力，积极学习关于预算管理的新政策和各项规定，通过提高自己的实际管理能力来提高资金的使用效率。为了促进财务预算管理工作的顺利进行，财务部门还应加强与其他部门的沟通交流。

第二节　高校财务预算管理的现状及成因

一、高校财务预算管理存在的问题

伴随着中国高等教育的改革与发展，越来越多的高校认识到预算管理的重要性，并在预算编制、预算控制等方面取得了一定的成果。但是高校对预算管理仍存在很多认识和实践上的盲区，如缺乏完善的预算管理体系、对高校预算管理的认识不够全面等。一些高校在预算编制时仍然沿用粗略的估算方法，预算的执行也存在比较大的随意性，频繁增减预算项目，认为对预算执行结果没有考核和总结的必要等。

（一）预算编制中存在的问题

1. 预算编制缺乏前瞻性和科学性

长期以来，高校主要以以前年度的日常收支作为预算编制的基本标准，并适当考虑影响收支的因素，凭经验而定，缺乏可靠的基础和规范的方法，缺乏科学的分析预测，只是在既定的收支之间安排资金，没有很好地将预算编制与学校未来收入能力的预测结合起来，缺乏前瞻性。这样就使得预算虚高的部门，资金宽松有余，而未来可能获得高绩效的项目归属部门反而得不到资金支持，资金流向不合理，严重影响资金的使用效率。

另外，预算编制人员往往不参与学校战略规划的制定，对学校的发展方向不了解，对下年度的工作计划和学校复杂的业务活动所知有限；各部门之间缺少沟通，预算编制也很少让学校全体成员参与讨论，导致预算与学校发展战略的相关程度降低，无法实现预算的增值功能，不能实现学校资源的有效配置，阻碍了资源的共享。因而预算编制内容通常不够全面，失去了应有的科学性。

各具体项目的预算编制往往缺乏必要的论证，诱发导向性错误。在人员经费预算的校内津贴部分，高校普遍根据教师完成的教学工作量、获得的科研经费数额、发表的论文数量、出版的学术专著、申请的专利数量、获得的教学科研奖励等来决定其应得校内津贴的数额。在实际工作中，这些考核标准很复杂，其不合理性滋生了学术腐败，导致科研成果数量增加的同时，质量下降。另外，不少高校采用综合定额的方法来确定公用经费预算，但对综合定额的制定缺乏充分的论证，导致综合定额的组成内容和计算动因不科学。对于项目支出的管理，在预算申报环节，虚报预算的现象十分严重。

预算编制的不科学还体现在对高校预算编制缺乏有效的监督上。预算编制是学校管理中的重大活动，学校各部门均应参与协调性论证，并对预算编制过程进行监督，而实际的预算编制过程主要由财务部门负责，缺乏有效监督，在预算中或多或少地出现了领导项目、关系项目。同时，由于缺乏科学的经费支出标准，预算编制部门只能主观核定支出，既不准确，又严重影响了预算安排的公平和效率。

2. 预算编制缺乏风险意识

目前，高校的预算管理一般只是收支预算管理，忽视了对一年中不同时段资金需要量与供给量差异的预算，忽视了筹资需求和筹资能力的预测，以致学校的发展规划与资金供求计划脱节，不利于学校规划的实施。目前高校预算管理风险意识缺失主要表现为债务预算管理的不完善。随着高校规模的急剧扩大，高校的银行贷款也快速增加，还款压力给高校造成了极大的经济负担，甚至出现学校年度剩余财力不足以支付贷款利息的现象。高校负债运营可能带来的财务风险在预算编制中缺乏体现，难以实现预算平衡。多校区办学的高校更是存在办学成本高、学校经费投入分散等弊端，抗风险能力较弱。

3. 预算编制内容不全面

当前，高校实行全校当年总收入和总支出的综合预算管理。理论上说，高校预算的编制应当具有综合性，更能反映学校资金运转的全貌。但是在实践中，由于高校资金来源渠道的不断增加，出于多种原因，高校某些院系、部门的资金并没有全部纳入高校预算体系，脱离了预算监督，形成了资金在高校预算管理控制外循环，容易滋生腐败和贪污，影响资金安全。纪检部门查处高校违纪经济行为的有关资料显示，高校的预算外资金主要包括：被有关专业系部截留的各类办学收入；各部门私下收取的学生有关服务费用和住宿费；按规定应该上缴学校的培训费和图书、教材折扣费；各部门应上缴学校的各项对内对外服务收入；出租、变卖学校资产设备的收入等。为了如实反映学校资金收支的总规模，《高等学校财务制度》提出了高校预算新理念，并规定了"大口径"范围。但是在实际工作中，各高校编制的预算往往只是教育事业费的收支预算，而没有将科研收支、基建收支、经营收支和其他收支等纳入学校的预算编制范围，未能体现"大收大支"的预算编制原则，也没能形成"大预算"的格局。

　　高校在编制收入预算时，对于财政拨款、事业性收费和科研经费三类主要收入及其他收入预算也都难以做出准确估计。对于财政拨款而言，由于其每年指标下达的时间严重滞后于高校预算的编制时间，而且高校在预算执行过程中，追加财政拨款也是常见现象，导致高校无法正确估算财政拨款，使得预算收入的整体性受到了影响。对事业性收费而言，高校预算编制的时间通常在年末，尚无法准确预算下年度入学学生的专业、人数及学费减免情况，导致无法准确估计学费收入，而只能在往年基础上进行增量预算，这往往与实际情况相差甚远；对于科研经费，高校在编制科研收入预算时，关于科研收入来源于哪里、是否能够实现、什么时候可以实现、科研项目的执行期多长、科研拨款是按进度还是按时间拨付等问题，通常给科研预算编制带来极大的不确定性。

　　支出预算的编制同样具有不确定性。虽然相对于收入预算而言，支出预算的可控性更强些，但是对于未来发生的支出，高校同样无法做出完整的估计。高校可以采用提留机动经费的办法来应对无法估计的未来支出，但又会面临机动经费的预算编制问题：机动经费不足，可能造成预算执行中无款可支的局面；机动经费过多，又会增加预算执行的随意性。

　　4. 预算编制方法不恰当

　　高校在编制预算时，基本上采用的是基数加增长的预算编制方法。这种编制方法操作简单，但不透明、不规范、不科学，更不符合公平原则。采用基数加增长的方法编制预算，在上年的预算基础上进行，这等于忽视了上年预算中不合理的部分，认定上年预算收支情况合理。这种方法固化了资金在校内部门的分配比例，使得各部门盲目扩大预算规模，却不关注预算的执行情况，资金使用效率低下，浪费现象严重，甚至导致高校重要发展项目因得不到充足的资金而无法进行。

　　部分高校采用零基预算法编制预算。零基预算是企业预算编制的有效方法，是加强高校预算管理的一种尝试。目前在中国高校推行零基预算制度存在以下问题。

　　编制零基预算要求机构设置精简，职责明确。目前中国高校的预算编制职能机构设置不合理，部门间职责、权限界限不清。在这种条件下采用零基预算编制法，会导致决策单位不明，可能在制定一揽子决策中出现偏差，使资金支出过大而使用效率低。

　　目前高校的零基预算只反映预算内资金的日常经费收支，不反映预算内安排的建设性支出和事业发展性支出，更不包括预算外资金和自有资金。

编制基本支出预算时,由于取得的基础数据大部分来自各个部门和单位,因此数据不完整、不准确、不真实的情况时有发生;对于灵活性较强的项目,软指标不易确定,使得一揽子决策方案的制订和选择带有很大的主观随意性。

零基预算编制过程烦琐,编制技术要求高,需要进行复杂的预算分析和数学模型构建,而且涉及大量的预算信息收集和处理工作,使得零基预算的可操作性大大减弱。

5. 预算编制时间不合理

时间的不充足导致预算项目论证不足,甚至重点项目也缺乏精确的分析数据。预算编制晚、时间短是导致预算编制不准确、不科学的重要原因,也必然形成预算执行中要求追加经费的局面,影响了预算管理的严肃性。

6. 预算编制人员不符合要求

预算编制是高校的重要工作之一,涉及各个部门和全体成员,各部门和教职工均应积极参与协调性论证。但现状是预算编制过程不公开、不透明;下属部门和教职员工对预算编制的重要性缺乏足够的认识,认为预算编制是学校领导和财务部门的事,对参与预算编制热情不高,对预算编制过程缺乏有效的监督。虽然预算编制涉及学校各部门和全体员工的利益,理应由大家共同参与、协调完成,但在实际工作中,一般由财务部门单独完成,导致预算安排中的某些不合理现象不能及时得到纠正,影响了分配的效率、公平和学校的发展。

另外,预算编制人员的综合素质也会对预算编制产生影响,可能导致同一经济内容的预算编制口径不相同,造成项目资金重叠投放。例如,有的预算编制人员在编制预算时会把若干金额较低的项目合并管理,对于合并项目实施粗放的核算和监督,从而使得预算不真实、不完整,与预算编制的明细反映原则相悖。

(二)预算执行中存在的问题

高校预算编制后,一经批准,即具有严肃性和权威性,应严格执行。目前高校的预算管理在执行过程中普遍存在以下问题。

1. 预算执行缺乏约束力

高校预算具备很强的权威性,一经批准下达,一般不得改变,校内各部门、单位和个人都无权对已批准的预算做出增减的决定。但是目前高校的预算执行过程中,预算的严肃性、权威性都没有得到很好的体现,预算执行随意性强。在收入方面,经常存在预算收入不及时入账或长期挂账的现象,导致会计报表信息失实;在支出方面,资金节约意识不强,预算指标到位率低,或者即使到位,也因人为因素在预算执行中频繁追加，年度支出数往往高于预算数，导致资金不能按原有的预算项目口径运行。这违背了收支配比原则，使得高校预算管理发生偏离，削弱了高校预算的约束力。

2. 预算执行机制不健全

高校在预算执行过程中往往缺乏资金预算管理的有效机制。比如，高校中不按预算编制口径支出的情况就很常见；高校不同程度地存在项目支出界限不清晰，报销经费不归口的问题。另外，由于部分高校采用传统的成本中心模式进行校内预算拨款管理，将预算支出指标分配至管理部门，再由管理部门将指标逐级分配至院系或者具体项目，在具体执行过程中，由于预算编制粗略，执行的中间环节过多，经常出现主管单位截留和挪用下属单位经费的现象，从而导致下属单位资金不足，难以实现既定目标。

3. 预算下达不及时

内部预算尚未下达的时期内，高校实际上处于无预算管理状态。由于预算未下达，各部门的运行资金只能靠预算赤字解决，在预算支出上也只能参考上年的经费指标执行，从而给高校预算执行带来很大的隐患。这种情况严重影响了预算的严肃性和权威性，降低了高校预算管理的有效性。

（三）预算控制中存在的问题

加强预算控制，必须建立起有效的预算控制体系，缺乏有效的预算控制，再好的预算也不能达到预期的目的。高校预算控制体系包括事前控制、事中控制、事后控制三项内容。目前有些高校对全面预算控制的认识不足，尚未建立完整的预算控制体系，有的虽然已经建立，但控制不力，形同虚设，使得高校的预算管理部门缺乏对预算执行过程中因各种主、客观因素影响而造成的变化进行快速反应的能力。预算控制力度不够削弱了预算管理的权威性。

1. 事前控制的问题

很多高校长期发展规划意识不强，缺乏对整体资源的合理安排和规划，对学校未来一年内的运营能力、现金流动性和一年以后的财务状况缺乏必要的分析与判断。同时，事前控制还存在预算下达滞后的问题。高校预算反映学校年度内所要完成的事业计划和工作内容，同时也反映学校的事业发展规模和目标，预算下达的时间滞后，必然会使学校管理的有效性降低，目标的实现受到一定程度的影响。由于预算编制时间不充分和预算指标下达滞后，事前控制成为一种事后预算，失去了事前控制的作用。

2. 事中控制的问题

中国高校原则上执行全面预算管理，但从实际情况来看，预算控制主要以事后控制为主，缺乏事中控制。预算下达后，如果不进行严格的事中监督与控制，就失去了其应有的意义。部分高校在预算执行的过程中，由于管理手段的局限和责任感的缺失，常会出现预算执行部门对于本部门的预算执行情况掌控不准确，只有在预算即将超标或已经超标时才对年度预算开支内容及合理性进行分析的现象。此外，因预算申报口径与预算支出口径不一致而引起的支出缺乏控制现象，在实务操作中也没有得到很好的解决。事中控制得不严使大量不合理的支出被忽视，这是产生舞弊和错误的重要原因之一。加强事中控制，高校必须强化预算执行的审批制度和程序，审批权限上也要充分考虑职权牵制，保证编制的预算能够严格、有效实施；明确高校各级主管领导、各个部门负责人审批的权限和范围，要求其在预算指标内审批并承担控制预算的责任；规范项目的审批程序，防止多头审批、重复审批的发生；考虑重要性原则和成本效益原则，对重点项目严格管理，其他项目则尽量简化，提高学校运作效率。

3. 事后控制的问题

目前高校对预算执行事后控制的认识仍不全面，"重会计核算，轻预算分析"的现象十分常见，认为只要支出按规定列支且不突破预算指标，就是预算的良好执行。同时，事中控制的无力导致管理人员不能及时取得预算执行情况的真实数据，也是事后预算控制分析不够具体、翔实的原因。这样的事后控制很难对以后的年度预算形成有意义的指导，也很难对教职员工进行有效激励。

（四）预算评价中存在的问题

高校预算评价中的问题主要表现为评价部门不明确、评价内容不具体、评价标准不明确及评价制度不标准。

高校各个部门都是预算的执行部门，只有激发每位教职员工努力完成预算评价考核标准的行为，才能实现预算管理约束和激励的目的，保证预算被全面彻底地贯彻，同时辅之以内部审计和严格的预算控制考核制度的监督，保证预算评价的执行力度。而目前高校预算评价没有实现具体到每位员工的全面预算评价，所以很难真正起到绩效考核激励和约束的作用。

高校预算评价体系的设计包括两个维度：一是评价预算目标的完成情况；二是对预算组织工作的评价，即对编制的准确度、上报的及时性、控制分析的全面有效性等方面的衡量。在评价指标的设计上可以引进平衡计分卡的模式，不仅要考虑财务指标，还要通过非财务指标评价内部流程的合理性、高校未来的成长能力、组织员工学习与成长的能力等。评价指标的设计要简单明了、可操作性强，具有长期稳定性，以便进行趋势分析，总结经验。评价方法也不应仅仅局限于目前的固定年终考核，而应同时开展可在平时采用的突击考核或者其他周期更短的定期考核，及时掌握预算目标和实际执行情况之间的差异，落实责任。当前高校预算评价中的考评方法简单、片面，导致预算评价不科学，也必然导致奖惩的不合理、不严谨。高校的预算考核主要是年末的综合考评，即预算期末对于各部门预算完成情况的分析评价。由于大部分高校预算编制得不够合理及预算执行中的调整不足，导致部门预算指标计划与评价的脱离；同时，由于评价体系本身不够完善，评价结果随意调整程度较大，导致实际评价结果并不能完全反映当期预算的执行情况，无法起到对下一期间预算指标编制的指导作用。

奖惩制度是预算评价中的重要环节，是将高校对所属部门和员工的约束和激励具体化到可实施层面的有效手段。理论上，在通过预算管理实现对高校发展战略规划的量化的同时，也产生了学校预算评价所需要的依据和标准，这样的奖惩制度科学、公正、透明，有益于学校战略目标的实现。但是由于目前大多数高校的预算管理制度尚不健全，也缺乏科学的预算管理激励机制，导致节约的部门没有得到奖励，浪费的部门也没有受到惩罚，使预算评价失去了应有的公正性和权威性。更可能因为预算评价监督的缺失而引发各部门在编制预算时为了防止预算不足，随意夸大支出项目和金额，资金使用效率降低，浪费严重，无法实现学校的发展目标。

二、高校预算管理不力的原因分析

（一）对预算管理作用的认识不足

对预算管理作用的认识不足，是高校预算管理工作开展不力的原因之一。预算是高校全方位计划的数量说明，是全校各部门和所有成员共同参与组织、执行的综合性管理系统。预算管理是高校财务管理的中心内容。不少高校将预算当成财务预算，认为预算就是财务表格和用款指标，认为预算管理就是编制财务预算，认为预算主要是学校财务、行政部门的工作，在这种观念指导下可能就会出现错报、漏报现象。也有的部门仅根据财务部门提供的项目，报一些主观性的财务指标，敷衍了事，有时甚至多报、虚报经费指标，导致一级预算平衡、二级预算失衡，进而造成预算编制和执行的脱节。

对预算管理作用的认识不足，导致高校只关注经费使用数额是否超出预算，而忽视经费使用内容与年初预算内容的一致性，以致每到年末，为了防止下年度预算消减，所属部门对未消费的预算额度突击使用，使预算失去了应有的严肃性。更有甚者认为加强预算管理制度的做法不利于调动各单位、各职能部门及职工的积极性和创造性。

忽视预算管理的全局性和对高校发展的重要意义，导致高校预算管理只注重资金分配，忽视财产、物资管理及业务活动管理。预算编制、资金拨付、物资采购、业务活动等环节，未能形成统一管理，致使财务部门对部分业务活动的具体情况不清楚，给预算管理带来诸多问题。事实上，预算管理不仅要反映学校预算年度的财务指标，还应反映各项事业的计划和任务，应涵盖教学、科研及管理的所有环节，应将预算管理从单纯的管钱向钱、物、业务三者统管发展，从而真正发挥预算管理财务筹划、预测、组织协调的综合职能。

（二）外部环境的复杂性

市场经济体制的不断发展和高等教育国际化进程的加速，使高校面临着日益复杂的外部环境，这对高校的预算管理产生了很大的影响。

首先，近些年高等教育市场的放开，高校间竞争的加剧对预算管理产生了很大影响。随着高校招生规模的不断扩大，学校的学费总收入不断增加，高校的教室、宿舍、图书馆等硬件设施建设，以及教师师资水平、学校科研能力等办学软环境在一定程度上得到了改善。但是，伴随着高校间竞争的加剧，一些教学、科研水平较低或缺乏专业特色的高校已经出现招生乏力、生源不足的情况，每年新增学生数与招生计划不符，学费收入不能准确测算，使预算的准确性受到了严重影响。

其次，银行贷款过多对预算也有较大的冲击。为了满足高校扩招带来的建设需要以及符合教育部评估的场地规模要求，近年来，部分高校以举债的方式进行了学校扩建或搬迁工程，有的高校一次性的贷款数额很大，高校依靠自身力量顺利偿还本息几乎是不可能的。为了避免数额较大的赤字预算，高校往往不将贷款列入预算，而是将发生的贷款全部挂在应付款科目内，或者将贷款列入预算，但是只将当年能从预算外收入中归还的贷款本息数列入预算收入与支出，无法归还的贷款本金仍挂在应付款科目内，从而达到表面的预算收支平衡，严重影响了预算的真实性。

（三）预算管理中的信息不对称

高校项目预算管理中的信息不对称主要表现在以下几方面：

1. 政府主管部门与高校之间的信息不对称

对于高校具体项目的真实情况，政府主管部门和高校之间存在着信息不对称的现象，项目预算的批准额度在一定程度上取决于该项目申报者的说服能力和决策者的偏好，可能导致虚报预算。

2. 高校高层管理者与预算编制部门之间的信息不对称

高校实施预算管理是为了高校生存、发展，并不断实现高校价值的提升，学校的管理者希望在高校战略要求和发展规划的基础上，进行符合本校实际情况的预算管理。高校高层管理者与预算编制部门间的信息不对称，使得预算编制部门一方面在编制预算过程中，即使按照规定的程序来编制，也可能造成实际预算脱离学校目标，无法满足学校管理者需要的情况；另一方面，如果只考虑学校管理者的意愿，又可能会令各预算执行部门不满，在预算执行时产生各种问题。

3. 预算编制方与预算执行方之间的信息不对称

预算的执行方一般是高校的下属各部门，是预算执行的基本单位，它与预算编制方基本上处于对立的位置。预算编制方倾向于将预算支出指标定得低一些，以便更灵活地安排全校的整体活动，使高校整体项目顺利完成；对于预算执行方而言，争取较宽松的预算是各预算执行方的基本出发点，预算支出指标定得高一些可以减轻资金压力，便于各项活动的积极开展。由于预算编制方与预算执行方之间的信息不对称很有可能导致在两方的博弈中，真正需要的部门没有获得应得的预算额度，却将资金分配给了不应获得资金的部门。

（四）缺乏有效的权力制衡机制

预算编制、执行、控制和评价过程中缺乏有效的权力制衡机制，也是预算管理出现问题的原因之一。高校预算编制后要经过校内三个批准环节：分管财务的校长、校长办公会、党委会。预算编制部门在编制预算时往往留有一定数额的机动资金，以应对突发情况，实际工作中对这部分资金的使用限制很少，常常用于填补预算执行严重超支项目的资金损失。就预算评价考核而言，这种做法不是奖励成功，而是奖励失败。预算编制、执行、控制和评价中权力制衡机制的缺失是预算编制不合理，预算控制失效，预算执行失误，预算评价不力的主要原因。

（五）高等学校预算管理改革滞后于部门预算改革

政府部门预算有三个特点：基本支出预算实行定员定额的编制方法；对项目库中的延续项目实行滚动管理；推行预算绩效评价。

自2000年以来，财政部门预算实现了从"基数预算"到"零基预算"的转变，从"年度预算"到"滚动预算"的转变，从"投入式预算"到"产出式或绩效式预算"的转变，这几个转变使财政预算水平得到质的提高，部门预算不断细化、规范。然而，在此期间高校预算管理虽然也取得了一定程度的进步，但是仍远远滞后于部门预算改革。高校预算管理与财政部门预算管理的步调不一致，预算管理制度的不唯一和不稳定，造成高校预算管理人员在制定预算时缺乏可靠的依据，常常依靠主观认定，进而造成预算制定与部门预算要求的偏差。同时，目前高校的机构设置和职责分工无法适应预算编制的要求，预算编制的公众参与度低，预算审批也存在着巨大的漏洞，造成预算松弛的现象。

目前，财政部门的预算改革远远超前于高校预算改革，以事业单位来衡量高校，则会出现考虑不够全面的现象。由于高校的特殊性及其经济活动的复杂性，其预算编制很难细化到财政部门预算要求的程度。特别是在实行国库集中支付后，高校对大部分资金的调整缺乏灵活性，造成突击花钱等弊端，大大降低了资金的使用效率。以"零基预算"为例，理论上讲，"零基预算"的编制有许多优点，但在实际编制时，若管理水平没有达到编制零基预算的要求，是无法真正做到"零基预算"的，过度的追求细化只会导致事倍功半。以"绩效评价"为例，由于高校人才培养、科学研究、社会服务等的特殊性质，使其与工厂不同，"产品"的效益很难在短期内显现出来，而且生产的社会效益和经济效益同时存在，甚至社会效益大于经济效益，因此绩效评价很难像企业那样完全以量化标准来进行。

（六）高校总体管理水平不高

在预算管理中，高校总体管理水平不高，影响了高校预算管理编制、执行、控制、评价等环节的运行效果。

1. 高校管理水平不高，表现在对"全员管理"的忽视

管理是全体成员的管理，而不仅仅是组织领导者的工作。全员管理意味着一方面管理活动应当将全体成员纳入控制和监督的范围，另一方面也同时要求建立适合全体成员共同参与的管理体制，实现和尊重所有教职工参与管理的意愿，使其更好地为组织的发展作出贡献。全员管理应该体现在高校管理的所有领域，特别是对高校发展至关重要的预算管理上。正是对全员管理的忽视导致了预算管理中很多问题的发生。比如，由于缺乏"全员管理"的观念，有些高校将预算划归财务部门负责，预算编制人员也全部是财务相关人员，而其他了解高校运行及建设发展的相关人员没有参与到预算编制工作中。同时，在编制预算时，高校根据总体经费结合各院（系）师生人数、工作量等情况分配各单位的项目经费预算，

而不征求各下属单位的意见，导致预算不切实际。在预算执行上，忽视各执行单位的能动性，不要求其编报经费使用计划，无法落实对具体支出项目的控制。在预算评价上，多数高校在预算评价指标制定过程中没有实现全员参与，仅仅由管理人员来制定，往往会脱离实际；预算评价标准过高，大多数教职工未达目标，会导致教职工缺乏信心，人心涣散；或者预算评价标准过低，又会造成资源的浪费。

高校的预算管理是全员管理，所有教职工都是预算的制定者，同时也是预算的实际执行人。合理的预算管理应充分考虑人的因素，充分调动全体教职工的积极性，最大限度地发挥人的主动性和创造性，只有这样才能使高校持续发展。

2. 高校管理水平不高，缺少长远规划

由于高校的中高层管理者普遍实行任期制，各级管理者都想在任期内有所作为，因此发展项目较多，在资金供应有限的情况下，管理者决策往往不是从学校长远的发展角度来评价，而是强调短期效果，希望在任期内就能有所回报，缺乏长远规划，造成学校发展的急功近利。

第三节　高校财务预算管理改进建议

加强财务预算管理是实现高校财务管理现代化、制度化的基本途径和重要手段，是规范学校内部管理秩序的必然要求。高校应在坚决贯彻《中华人民共和国预算法》的同时，结合本校的办学实际，从预算编制、预算审批、预算执行及预算评价四个方面，完善和细化预算管理制度，提高预算编制质量，硬化预算约束，促进学校可持续发展。

一、高校财务预算管理改进的基础工作

（一）重视预算管理工作，强调预算管理的参与性

预算管理工作是高校最重要的工作之一，涉及学校的方方面面，因此要广泛宣传预算管理的意义，强化学校及下属各部门领导的预算管理意识，提高他们的预算管理技能，从思想上为学校预算管理工作的有效开展奠定坚实的基础。同时应加深对高校预算管理的认识和理解，充分调动各部门、各单位的积极性、主动性。

预算作为学校管理工作的一项系统工程，绝不是财务人员单打独斗所能支撑的，要在学校的统一管理下，调动各级单位的积极性，使其参与到学校的预算管理工作中来。在预算管理中强调参与意识，可使高校预算管理更加民主与合理，在保证整体利益的情况下明确各自的职责及目标，提高预算指标的可靠性和预算执行的效果。

（二）规范预算管理制度，构建高校预算管理体系

高校应制定规范可行的预算管理制度，明确预算收支范围及预算编制、执行、控制、评价的程序、原则和方法。高校预算管理细化的程度，取决于对高校管理活动复杂情况的判断，取决于获取到的与管理相关的信息的多少。一般来说，对基本支出按照定员定额标准核定，实行零基预算；对项目支出按项目库排序，实行滚动预算；对项目评价，不采用投入式预算，而提倡产出式（绩效式）预算。在编制预算时，各预算编制参与部门须反复沟通，对所有支出项目逐一审核、评估；认真核实申报经费的内容和依据，细化收支范围、分类制定定额标准，明细核算，按项目重要程度排序，及时发现预算执行中的异常情况，找出原因予以控制；对已完成项目及时组织验收，做好预算评价。

（三）建立预算委员会，完善预算管理组织

完善的预算管理组织机构是加强高校预算管理的前提和基础。高校预算管理的组织机构应包括预算委员会、常设预算管理工作组（直属于预算委员会，负责日常预算事务的处理，由学校总会计师或财务处长负责）及预算责任网络，其中预算委员会是最重要的部分。

预算委员会是高校预算管理的最高决策和管理机构，负责对校内各单位申报的预算进行审核，由校长直接领导。目前各高校预算委员会的成员主要由学校各校区主管领导及下属各部门负责人构成。鉴于大多数高校实行分层次预算管理体系，为了提高预算编制的准确性，使其符合学校长期发展的需要，合理配置高校资源，加强预算管理，需要建立预算委员会，可以选取学校知名教授及会计、财务管理、审计等学科有威望的教授进入预算委员会，以增加预算委员会的科学性和权威性。

二、高校财务预算编制的改进建议

（一）树立预算编制的全局观念

为了更好、更快地实现高校战略，高校在编制预算时必须在预算方案中充分体现学校的主要发展目标、实践路径以及影响目标实现的关键因素。预算的编制要在学校整体规划的基础上，紧紧围绕学校的中心工作制定，以强化各部门的参与机制，使教职工更了解自己的工作职责和本部门、本学校的现实需要、发展潜力及未来变化。这样编制的预算指标更接近学校实际，预算的准确率也更高。

（二）协调高校预算与财政部门预算

目前，财政部门的预算改革远远超前于高校预算改革，财政部门应根据高校的管理需要，尽早出台相关的预算调整办法和审批程序。在相关文件出台前，高校的预算编制工作应做好以下两点：第一，编报时间要衔接。高校的预算一般在上年年底编制，预算年初发至各部门执行，而部门预算的编制时间较早。为了与部门预算相配合，高校的预算编制也应适当提前。第二，高校会计科目的修订。目前的高校会计科目在科目设置、核算口径和内容上均与部门预算不相适应，不利于预算的执行和控制。只有将科目设置加以完善，进一步明确适用范围及口径，增加科目或扩展科目内涵，才能为高校预算与部门预算的协调一致奠定基础。

（三）做好编制预算的基础工作

首先，建立和健全预算编制机构。高校应在预算委员会指导下建立预算编制小组，负责预算编制的项目审查、定额核定、指标分解与调整等业务。各下属部门要确认一人负责预算编制工作。编制预算时，财务部门负责组织召开预算工作布置会，明确各部门预算编制人员的职责，统一预算口径。各部门根据预算编制小组下达的预算目标，结合本部门的特点，提出本部门的具体预算方案。预算编制小组根据学校的发展规划和实际情况对各部门上报的预算方案进行审查、汇总、综合平衡，提出修改建议，以保证高校总预算的准确度。

其次，在编制年度预算之前，要认真学习上级部门颁布的预算编制及其他文件，领会高等教育的政策变化，了解新的收支标准；把握学校的年度工作要点，明确重点项目和常规项目，保证预算编制的政策性、科学性；核实预算年度教职工人数、招生人数、毕业生人数等各项基本数字较以前的变化，确保预算编制中的工作量适当和定额标准的准确性。

最后，对上年预算管理工作进行分析和总结。财务部门要认真分析上年度的预算编制和预算执行情况，分析各项预算标准完成或未完成的原因，找出问题，总结经验；在广泛听取各部门预算编制要求的基础上，汇总各单位材料，充分论证，对合理的建议和意见及时采纳，对上年预算中出现的问题进行有效的改进和调整，使预算的编制更加科学、合理。

三、预算执行的改进建议

再好的预算，若离开有效的执行，也只能是一纸空文，因此严格地执行预算是保证预算管理落到实处的关键环节。

（一）加强高校预算执行的比较分析

高校在财务预算执行分析方面力度不够，年终对预算执行情况并没有公开，因此，他们并不了解自己部门财务预算执行效果如何，也不了解其他部门财务预算的执行情况，有一种闭门造车的感觉，没有达到相互学习的目的。所以应该增强预算执行的控制管理，通过部门之间预算执行结果的对比，使他们相互吸取对方的优点，提高各二级部门的预算执行力，将执行好坏的责任落实到人，通过改变现有的管理模式，实行问责追责的方法来提高预算执行效果。二级部门财务预算的编制是高校财务预算管理的初始环节，而对于高校来说最为重要的环节是体现在财务预算执行环节。要加强高校财务预算管理的监督管理力度，就必须加强高校的财务预算执行能力，提高财务预算信息资料的透明度。在财务预算执行过程中，要对各部门财务预算执行情况进行实时跟踪，公开相关预算信息，加大预算管理的执行力度，通过执行数据的比较分析来改进财务预算管理水平，增加财务预算的管控能力，所以高校不仅要在预算编制开始时做好预算工作的审批程序，还要在财务预算执行时做好财务预算执行情况的分析工作。高校财务预算执行力的比较分析可以通过横向对比和纵向对比来完成。横向对比是各部门之间的对比，它是通过各个部门的相互学习，相互监督，学习别人预算管理中好的执行方法，借鉴别人的预算管理方式，来改进本部门财务预算执行中的不足。纵向对比是本部门本年与上年的对比，预算执行部门也应该将本年的财务预算执行数据同上期数据进行比较，掌握预算执行率，不断总结实践经验，结合预算项目的执行进度分析，了解是否满足该项预算的预计效果。

（二）提升高校财务预算人员业务素质水平

高校财务预算管理工作主要是通过财务部门牵头完成，财务人员的基本素质影响着高校预算管理的推行，也影响到高校教育事业的有序发展。因此，提高财务工作人员的业务水平对高校的预算管理能够达到事半功倍的效果。近年来高校的办学规模不断扩大，资金来源渠道随之增多，资金使用渠道也呈现出更加广泛的趋势，因此，严格的财务预算管理更为必要。所以要提高财务人员的专业知识水平和综合素质水平，对财务预算相关的工作人员进行预算知识的培训，提高财务信息化建设方面的综合知识指导，加强预算管理软件的培训使用，增强预算工作人员服务意识，提高沟通协调能力，提高创新能力，只有让预算工作人员对高校的财务预算管理有深入的了解，具有预算管理基本的判断力，才能够在预算执行工作中不断发现新问题，提高工作效率。

（三）落实高校预算管理责任意识

高校可以运用划分责任的方法，实现各项责任在预算执行时的合理化分工，将责任划分到各二级部门中，只有将责任落到实处，才能提高高校的财务预算执行力。预算执行属于财务预算管理工作的关键性环节，财务预算管理的执行主要还分为预算的实施和预算的调整。对高校来说，预算执行的好坏直接关系到预算目标能否实现，决定预算管理的结果以及质量水平。在高校预算编制审批通过以后，就基本上进入了执行环节，从预算执行任务上来看，如果高校不能保证财务预算执行结果与最初财务预算编制计划之间的一致性，那么前期的财务预算编制就形同虚设，丧失了原本实施财务预算管理的现实意义。因此，将责任划分到部门，才能调动大家的责任意识，预算工作人员应严格按照预算申报的计划来执行部门预算，对执行进度情况进行分析。预算执行部门在执行过程中要随时关注本部门预算执行情况，及时发现预算执行与实际计划目标之间的差异，要对执行偏差编制出有效的预算调节方案，确保财务预算执行目标的顺利完成。

（四）加深高校对财务预算的正确认识

高校在执行二级部门预算的同时应当加强财务预算管理意识，院级领导要对财务预算管理足够重视，支持各部门对财务制度的学习，让各部门意识到财务预算工作的重要性。各部门也应该主动学习相关制度，对高校的财务预算管理制度与政策全面把握，为预算的执行奠定坚实基础。作为高校的财务人员，更应该树立财务预算管理的大局意识，细化财务预算工作。在预算执行过程中，根据实际情况以及高校的财务预算运行情况，不断改进现有财务预算管理模式，提高财务预算工作的质量。

（五）严格控制高校预算支出费用

高校资金来源主要是财政拨款，在预算执行中严格控制支出费用是保证高校快速发展必不可少的环节。高校的支出费用项目主要包括绩效工资支出、社会保障支出、办公费用、差旅费用、后勤保障费用（物管费、维修费等）、培训会议费用、劳务费用、资本性支出费用等。如果高校目前还在处于硬件设备建设阶段，如学校整体的信息化建设，导致资本性支出相对较多，此时高校应该严格把控信息化采购方案，结合现有的信息化软件和网络类型，多处询价对比，提高工作效率，降低采购成本。高校的后勤保障支出费用也相对较高，高校可以通过控制维修费来降低成本费用，如多渠道对比选择性价比较高的维修机构来降低维修成本。劳务费方面严格按照劳务费相关的管理办法，不超标准发放劳务费，发生劳务费时完整地提供劳务费发生过程的相关资料，通过确保每笔劳务费支出的真实性与合规性等方式来控制费用。

四、财务预算控制的改进建议

（一）建立健全高校的预算管理制度

要想财务预算管理工作能够达到预期的效果，建立健全的预算制度和规范措施是很有必要的，它是做好预算工作的基础。建立健全的预算管理制度是预算管理的控制环节，也是预算管理的监督环节，它直接影响着高校财务预算方案是否能够有效地实行。目前，高校的财务预算还没有完全建立起系统性的监督管理机制，缺少一个完整的财务预算管理控制系统，难以用一些有针对性的管理制度来快速处理特殊因素带来的财务预算变化情况，很可能错过财务预算管理的补救期，因此，高校应该及时建立管理制度来提升预算控制阶段的管理水平。高校部门预算管理的控制包括事前控制、事中控制和事后控制三个阶段，当预算编制项目与预算经费额度下达之后，就应该执行事前控制管理，制定出科学化的预算控制管理制度，然后进入事中控制阶段，通过对预算工作情况进行分析控制，使各部门预算活动能够顺利开展，再通过审计监督来进行事后控制，达到最终的预算目标。高校财务部门应该把其他相关部门制定的政策性文件，如资产部门的《固定资产管理办法》，科研管理部门的《科研经费管理办法》等制度，结合到预算管理中，增强高校预算执行时的透明度，使高校的预算管理更加规范。

（二）加强高校报销过程对预算管理的控制

结合高校的实际情况，要完善预算执行监督体制，加强预算监督作用，在高校财务报销阶段应该严格对财务预算管理进行控制。完善会计核算中预算经费报销时的审核权限管理制度，提升财务预算管理执行效力，保障预算管理的严肃性和有效性。高校在预算报销时，从经费责任管理人处就应该加强对经费使用内容的把关，确保每一笔经费开支都有据可依，有凭可查，在经费报销的源头就得到控制，到财务部门审核原始凭证时，财务工作人员也应该关注费用发生的逻辑性与可行性，减少年度集中报账的情况，保证每笔开支的真实性。

（三）加强财务预算信息化建设

随着财务信息化建设的不断发展，高校顺应时代的潮流，加强了财务信息化建设，使财务预算管理网络化，但其建设力度还不足，对高校而言，可以以预算执行为中心点，构建以财务部门为主，上到领导层，下到各个二级预算管理部门的预算执行反馈系统，让大家在第一时间了解部门财务预算的执行情况。在系统管理建设基础上，高校结合财务预算管理方面的实际情况，包括工作完成进度和项目经费使用方向都可以一目了然地在财务预算系统当中体现，使高校的管理者能够清楚地了解全校的预算执行情况，各二级部门负责人能够掌握本部门当时的预算执行基本进度，增强预算管理的科学性，使高校各项管理工作能够有序地开展。然后在这个系统的基础上，向四周延伸财务预算系统，形成一套完整的财务预算信息化系统。网上报销系统的建设对高校来说也是一项重要内容，高校要改善财务预算管理薄弱环节，就必须在现有的预算管理信息化基础上进一步提高预算管理信息化水平，加强信息化建设，提高财务预算管理的工作效率。要增强高校现有的财务预算管理信息化建设就应该使预算管理平台一体化，实现综合性的服务平台，将网上预算申报系统，网上报销系统，网上预算查询系统，网上支付系统以及会计核算系统对接，实现数据资源共享，一体成型，完整的预算数据为各个部门提供多维度的预算数据查询与分析，清晰反映多个年度的预算执行情况，为以后年度的预算编制提供有力的依据。高校预算使用人员通过网上完成预算申报、预算报销、预算查询操作，实现财务预算的编制、执行与控制。财务人员通过在网上完成单据审核、费用支付、会计核算账务处理操作，实现财务预算的实时控制与监督。这几个模块将高校经费使用情况串联，方便预算数据的统计、分析工作，为后期的预算评价提供完整的、有效的、准确的数据，也使高校的财务预算管理更加的规范化、透明化、精确化、高效化，提高财务信息化管理的水平。高校在预算信息化建设过程中要注意以下几点。

第一，预算数据应及时更新，保证查询结果的准确性。第二，超预算控制必须准确，确保一旦出现预算超支情况，能够从源头开始禁止费用的填报。第三，简化预算支付流程，提高费用支付的安全性。第四，完善预算评价系统，加强预算分析过程，多角度地对各部门预算执行情况进行比较分析，形成评价结果。高校通过加强财务预算管理网上系统综合平台的建设，比如实行网上申报预算，网上审核预算，网上执行预算报销审核程序，网上审批扣减预算，网上分析预算执行效率等，可以使预算数据更加直观，一目了然，能够进一步提高高校的财务预算管理质量。

（四）规范高校追加及调整预算程序

高校应该坚持预算编制的科学化、精细化和透明化。建立一套规范的、健全的财务预算变动体系，对追加与调整预算设立一套完善的控制制度。原则上预算下达后，不得调整，确保财务预算编制所具有的强制性以及合法性。但对于特殊情况，高校在下达二级部门预算时，应该结合高校自身资金的实际情况，保证与高校发展目标一致的原则，在需要追加调整预算时，必须根据相应的管理制度，填写预算调整申请表，经预算小组工作会议审核通过后，方可追加调整预算经费，增加预算追加调整管理的透明度。

五、合理控制财务风险

高校预算评价是根据预算目标进行的全面考核，是对高校预算执行情况及效果做出的全面、准确、客观、合理地描述和评价。高校预算评价既要考评高校资源总量是否符合高校整体运行的客观要求，还要考评资源的使用效益是否最大。这是发展高等教育事业和优化高等教育资源配置的要求，也是完善现行高校预算管理体制的内在要求。

（一）建立健全预算评价体系

高校要加强对预算执行情况的评价与考核，以提高预算执行效果；改进预算编制的程序和方法，激发广大教职工工作的积极性。高校预算评价必须通过一套科学、合理且行之有效的评价体系实施。建立健全科学、可行的考评机制是开展预算考评的基础。高校应按照科学、实用、重要、完整相统一的基本原则建立以绩效为核心的预算考核评价系统。构建高校预算评价指标体系，积极开展预算评价，是高校合理配置资源和提高资金运行效益的有效手段。评价系统一旦建立，应长期稳定，不能朝令夕改，令员工无所适从。评价系统的长期稳定除可以使各部门、各个员工明确考核依据，按照既定目标不断努力外，还可以保证评价结果的纵向可比，以此来全面掌控一定时期内预算的总体运行状况。

高校建立健全预算评价体系，应首先确定预算评价的领导组织机构和相应的评价监督制约机制，实现预算评价工作的制度化和规范化。预算评价体系的设计要兼顾社会效益、经济效益、项目投资评价。预算评价指标的设定应遵循短期、长期效益相结合和定量、定性相结合的原则。由于各高校的类型不同、规模不同、层次不同，其所建立的预算评价指标体系也很难完全统一，但是合理的高校预算评价体系一般应包括平衡计分卡评价体系和关键指标评价体系两部分。这两部分均采用量化标准，以绩效目标为出发点进行设置。一般来说，高校预算评价的关键指标体系至少应包括以下具体指标：财务综合实力评价指标，用来评价高校经费来源及学校规模和办学条件的指标；运行绩效评价指标，包括经费自筹率、高校年度收支比、校办产业资本增值率、学科建设评价指标、人才培养评价指标等；发展潜力评价指标，包括现金净额增长率、自有资金动用程度等；偿债能力评价指标，包括资产负债率、流动比率、速动比率等。

除预算评价的关键指标体系外，构建高校预算评价体系还要制定切实可行的绩效考评工作程序和考核指标，以及按照绩效考评结果实施奖惩的制度。

（二）加强对预算执行结果的分析

预算执行结果的全面分析是高校预算评价重要的基础工作。高校预算执行结果的全面分析是指对校级预算和各部门预算的执行效果、执行差异的原因分析，并提出改进措施，编制预算结果分析报告的过程。

1.要合理界定预算分析的内容

预算执行结果分析包括预算收入执行分析和预算支出执行分析两部分。高校预算收入按来源分为外部收入和自创收入两大类。外部收入包括财政拨款收入、社会捐赠收入等；自创收入包括学费收入、产学研合作收入等事业收入和经营收入。高校预算支出按资金流向分为教学业务费、教学管理费，教学业务费是与教学科研直接相关的支出，包括教师课酬、教学设备费、资料费等；教学管理费是与教学科研间接相关的支出，如管理部门的接待费、办公费、办公室人员支出等。

2.要选择合适的分析方法

高校要根据分析目的和内容选择适合的方法，做出公正、客观地分析。目前，高校预算执行结果分析的可选择方法有比较分析法、因素分析法、差额分析法等。随着财务分析理论和实践的不断发展，还会有更多更好的方法以备选用。

3.要坚持全面分析与重点分析相结合的原则

对预算执行结果的分析是建立在对学校经济活动的整体情况全面把握的基础上的，只有全面了解学校运行的整体情况，才能分析预算收支的执行情况，分析预算数与实际数的差异原因，总结预算执行中的经验和问题，提出改进意见和措施，为下一年度的预算编制打下良好基础。同时，还要杜绝没有重点的全面分析。结合高校实际对预算年度的经济活动的主要方面进行重点分析，有利于形成正确的分析结论，取得事半功倍的效果。

4.差异分析是预算执行结果分析的重点

高校预算执行结果分析的重点应放在分析差异及产生差异的原因上。预算收入执行分析的重点是发现预算年度各项实际收入与预算收入的差异，并找出导致收入增加或减少的原因，形成报表及书面报告；对预算支出执行结果的分析重点是对各项目经费的支出、结余、任务完成率等情况做分项分类详细说明，并形成报表及书面报告。

差异分析要从定量和定性两方面进行。定量方面分析收支的进度与结构、偏离预算的差异大小等；定性方面分析产生实际与预算差异的主客观原因。公正的分析结论不仅可以用来作为预算评价，也为预算管理提供基本材料，是高校提高管理水平的重要依据。

差异分析还分为横向差异分析和纵向差异分析。横向差异分析是指学校可以选取合适指标与同类型、同规模学校进行比较，也可以在学校内各院系间进行指标比较；纵向差异分析即学校选择与之前年度同类指标进行比较。无论横向差异分析还是纵向差异分析均须考虑比较对象间的可比性，切忌盲目比较。

（三）分部门实施预算评价

在高校整体预算评价体系下，针对重要预算项目和部门的包干经费，高校应设定不同的预算评价指标和标准，分别进行预算评价，考核其经济活动的真实性、合法性、科学性、效益性，并将评价结果与各项目或部门负责人的业绩评价相结合，实施激励。各部门的预算评价指标综合来说可以从投入、产出和结果三个方面来设计。

投入指标如资金、人力、场所、设备等，用于衡量预算项目所消耗的资源，包括"生均教学经费""生均教学面积""生均教学设备"等指标。成本测算对采用投入指标进行预算评价的部分具有重要作用，需要完善相应的会计核算系统。

产出指标是预算期内完成的工作、提供服务或产品的数量，包括"收入完成数""毕业生一次性人数""自筹经费完成数""接待来宾次数""档案入档册数"等指标。产出指标的计算相对比较容易。

结果指标用来衡量项目或服务的结果，包括各院系的"英语四、六级通过比例""国家资格考试通过数"等指标；各科研单位的"国家级课题占全部课题金额比例""国家级课题占全部课题数量比例""SCI、SSCI文章发表数""有国际影响文章发表数"等指标；管理部门的"收入预算完成比率""支出预算完成比率""解决来访问题满意率""处理问题及时率""各项检查合格率"等指标；后勤部门的"绿化率""食堂就餐率"等指标。结果指标是预算评价指标体系中最重要的部分。

根据部门和指标特点对不同部门采用不同的预算评价指标进行考核有利于各部门的业务发展和激励。例如，对各部门的预算评价，重点应放在节支增效上；对专项工程的预算评价，重点应放在"决算（比预算）节支程度""验收工程质量是否达标"上。同时各高校的情况不同，需要根据各自的具体条件安排部门预算评价，在全部高校建立统一的预算评价体系，往往达不到考核的目的，对各高校的发展也不利。

（四）根据评价结果实施激励

预算评价必须以激励机制为补充，否则将失去评价的意义。而激励也只有以预算评价为基础，才能有的放矢，要根据评价结果对部门和个人进行必要的物质、精神奖励或惩戒。明确的激励制度，可以让各部门和教职工在预算执行前就了解业绩与激励之间的关系，将个人与学校的整体目标紧密结合，保证预算执行的效果。如果激励机制不合理、不完善，往往会使预算评价流于形式，评价指标将丧失约束作用，预算管理会失去应有的作用。在进行预算评价时要客观公正、结合实际，形成准确、科学的评价结果，充分调动教职工的积极性和创造性。

激励要坚持责权一致的原则，坚决按照规定兑现奖惩，有奖有罚，赏罚分明，不打折扣，保证预算的严肃性和学校目标的实现，确立预算管理在高校的核心地位。设计与完善高校激励机制，并与预算评价相配合，可以更好地促进预算管理的实施，这也是学校管理中应当考虑的重要问题。

第三章　高校财务报告分析指标体系研究

第一节　财务报告研究

高校的财务报告是反映高校一定时期财务状况和预算执行结果的总结性书面文件，包括财务报表和财务情况说明书。高校履行行政职能，需要对一定时期的财务活动的过程和结果进行系统的反映，这个载体就是以表格、数字和文字等书面形式表现的财务报告。

高校应当按照财政部门和主管预算单位的要求编制财务报告，向财务报告需求者和使用者提供与高校财务状况、预算执行情况等有关的财务信息，反映高校受托责任的履行情况。财务报告经主管预算单位审核汇总后，报送同级财政部门，财政部门对高校的财务报告要进行审核，对于符合规定的财务报告，要在规定的期限内批复。

一、高校的教学、科研、服务活动与财务资源概况

（一）高校的教学、科研和服务活动

当前，我国初等教育是免费义务教育，中、高等教育是需要部分收费的。高校主要是从事教学和科研、提供高等教育服务的社会公益单位。在世界各国，高校往往都以非营利为目标，它们是传统意义上的、十分典型的非营利组织。理论上讲，公立高校的资金来源主要是政府财政拨款，同时也有捐赠、投资收益和收费收入；私立高校主要依靠捐赠、投资收益和收费，同时也争取政府财政资助，但是它们都不是营利性企业，而是非营利组织。

美国高校明确高校的三大职能是：为经济建设的"服务""科研"和"教学"。高校提供的这种教育"服务"就是要根据社会需求设置专业，并培养出社会需要的各种人才。美国高校的专业和学位都为社会需要而设置，它认为"实用"没有什么不好，如果农场的萝卜出了问题，也会派教授去做科学调查。20世纪美国历史学家亨利·斯蒂尔·康马杰曾说，对19世纪的美国百姓来说，"教育是信仰"的条件是它必须"实用并带来红利"。这种对"红利"的强调是美国大学文化的一个显著特征。美国最早将学术界与产业界联系起来，大学每年获得的版税和特许使用费超过10亿美元；170多所大学拥有某种形式的"企业孵化器"，数十家大学在经营自己的"风险基金"。

　　教学和科研一直是高校两项基本职能，教学活动理应是高校名正言顺的"立校之本"，否则它就难以成为名副其实的一所"学校"。如果高校变成一个"完全"的研究单位，则它难以获得政府教育拨款的支持。此外，高校学费收入也是其财务资源中一种重要、稳定的来源，目前美国州立大学每学年收费约 5400 美元，而私立大学约为 20000 美元。教学活动要依靠教师通过各教学环节努力工作，并使学生获得相应的高等教育；科研活动是高校另一项十分重要的活动，它是通过充分利用学校已有的人才、信息、资金等资源优势，接受政府、企业与其他组织的资源和委托，进行基础和应用科学的研究。高校的科研活动能促进科学技术的进步，同时也有利于学校教学内容的更新、教学质量的提高和获得更多的财务资源。

　　在美国，大学定位十分明确，研究性大学主要从事学术前沿研究，教学性大学主要将研究成果及时转化为教学成果，它们各有侧重点，相辅相成、相得益彰。与一般高校相比，有些高校由于其自身实力和种种原因能较容易获得捐赠，除政府拨款外，还有其特殊、稳定的"巨额"财务资源的来源。但是，受赠资金往往要按捐赠者指定用途从事研究活动，于是一些高校在行使其"教学"使命的同时，"研究"便成为一个必要的"面向"并形成以研究为主的研究型高校。为争取获得政府教育拨款的支持，研究型高校依旧需要从事教学活动。但为研究出高质量成果、研究资金有稳定来源，研究型高校必须投入其主要人力、物力资源从事研究活动。因而，一般认为由于"精力"有限，研究型高校的教学规模不会搞得很大。但实际情况并非如此，据 2000 年美国卡内基基金会调查，目前美国多数高校仍以本科教育为主；在现有的 3856 所大专院校中研究性大学只有 125 所，约占高校总数 3%，培养了全美 32% 的本科生。在 2001 年，美国培养出了全球 41% 的博士。

　　相对于一般大学，世界著名研究型大学如耶鲁大学、斯坦福大学、哈佛大学等，它们不仅声望显赫，而且具有突出的科研项目和投资能力，因而财源"滚滚"，生源质量也高于一般院校。高校除了上述教学和科研活动外，还必须提供实验用具、图书资料、伙食住宿等其他延伸"服务"，如美国麻省理工学院的图书馆、实验室是全天 24 小时对外开放、提供服务的，师生几天几夜在图书馆写论文、在实验室做实验也是司空见惯的事情。

（二）国际高等教育与财务资源概况

　　美国高校注重通识教育，重视基础理论教学。本科教育的基础是通识教育，通识教育是美国大学本科教育自 19 世纪后期以来的重要传统。通识教育一般被定义为主修和副（辅）修专业教育之外服务于学生的智能、情感和社会化等方面发展的教育。传统的通识教育包括人文、社会科学、数学和自然科学等教育。如今，很多大学都将信息技术应用、外语、多元文化等教育包括在通识教育内，并在教育中融入跨学科、跨文化的教育理念，更注重通识教育的整合性、目的性和确定性。各校通识教育课程在本科教学计划中占有十分重要的地位，但具体要求则相差很大。美国有 41% 的高校学生数低于 1000 人，只有 10% 的高校学生数超过 10000 人。哈佛、耶鲁等大学在校生一般都不超过 20000 人，普林斯顿大学在校生仅 6000 人。美国大学收费不菲，但政府和学校为学生提供财政支持。在哈佛大学每年接受各种财政支持的学生在 70% 以上，麻省理工学院接受财政支持的学生达到 75%。据 2005 年 9 月英国《经济学家》周刊"成功的秘诀"一文披露，美国花在每个学生身上的钱是经合组织国家平均值的 2 倍以上（在 2001 年约为 2 万美元，而经合组织国家平均值为 1 万美元）。

19 世纪 70 年代，美国通过《莫里尔法案》，全国掀起"土地赠予学院"热潮，实现高等教育第 1 次变革；二战后颁布《退伍军人法》，大批军人涌入高校，使高等教育有大众化趋势。2000 年，美国通过大幅提高"佩里资助"的法案，资助额为 400～3700 美元。目前，美国约有 1500 万名大学生，是二战结束时的 10 多倍。除学生入学率和教学活动有增长外，高校的研究活动和公共服务也在扩张。在美国，大部分高校是非营利性的，其目的是提供教育服务；近 1/4 私立高校利用学生或支持学校的人捐赠的钱。随着"营利性"大学的增多，新一代院校的适应能力很强，它们努力提高教育质量以满足市场需求。美国的许多营利性高校往往是一些法学院和商学院，以及职业学院，如信息技术学院和护士学院等。随着新经济概念的出现，市场经济力量日益入侵高等教育领域，高校在学生入学、学校转型、教学和研究等方面均遭遇到前所未有的挑战。

市场力量过分"入侵"高校的明显例子就是橄榄球、篮球等体育运动，从电视转播球赛收入、名牌运动鞋广告合同和 NIKE 捐助收入，到饮料特许等收入，美国大学球类联赛和职业联赛之间界限已越来越模糊。学校受赠资金的管理者决定着学生管理和经济援助，这些管理者的工作就是监督受赠资金市场和充分利用市场收入，并可最终决定学生录取资格。同样，市场力量也"入侵"高校研究活动，市场收益可决定大学的研究任务和目标，决定专业未来发展。突出的例子是医学教育的质量和性质、高校决策者的战略选择，这些更多的是被市场左右，而不是医学教育本身发展的目标。这些挑战是否会改变大学文化，威胁大学理念，大学是否要向市场力量妥协并应做出怎样的抉择，这些都是当前美国高等教育面临的危机问题。

在美国，公益捐助不但被视作一项义务，而且是捐助人的权利和精神寄托，民间公益基金会的捐赠重点之一就是教育。美国人的慈善助学捐赠之风历史悠久，卡内基基金会建立之初，其捐赠教育经费 560 万美元，而当年美国联邦政府的教育经费只有 500 万美元。美国的大学拥有广泛的资助者，埃兹拉·康奈尔、科尼利厄斯·范德比尔特、约翰斯·霍普金斯和约翰·洛克菲勒等富有的捐助者对高等院校的发展产生了深远影响。2004 财政年度，美国私人捐助者共向大学捐赠 244 亿美元。社会集资办大学是美国高等教育特色之一，1890 年耶鲁大学创设第一个校友基金会，大学设立基金会向外界筹资成为一种普遍的做法。卡内基基金会、洛克菲勒基金会、福特基金会等公益基金会的捐赠都是大学资金的重要来源。

自 20 世纪 90 年代以来，美国高校开展的大规模筹资活动越来越多。1991—1992 年，筹资超过 1 亿美元的大学就有 16 所，其中前 5 名为：哈佛大学（2.1 亿美元）、斯坦福大学（1.9 亿美元）、康奈尔大学（1.8 亿美元）、宾夕法尼亚大学（1.6 亿美元）、耶鲁大学（1.4 亿美元）。1987 年 2 月，斯坦福大学首先提出超过 10 亿美元的筹资目标，5 年要达到筹资 11 亿美元。该目标在 1991 年 6 月以筹集 12.7 亿美元而提前实现。此后，波士顿大学、纽约大学等分别提出 10 亿美元的筹资计划；哥伦比亚大学、康奈尔大学分别提出 11.5 亿美元和 12.5 亿美元的 5 年筹资计划；哈佛大学 1994 年甚至提出 25 亿美元的筹资目标。20 世纪 90 年代被美国高校界称为 "10 亿美元的 10 年" 时代。至 1992 年，美国高校筹集的资金中捐赠资金超过 6500 万美元的学校有 187 所，超过 10 亿美元有 14 所，其中哈佛大学受赠额最多。哈佛大学在 20 世纪最后 10 年平均每年受赠 10 亿美元。2006 年 2 月，根据美国援助教育委员会发表的年度调查报告显示，2005 年度获捐赠资金排名前三位的是：斯坦福大学（6.036 亿美元）、威斯康星大学（5.952 亿美元）、哈佛大学（5.899 亿美元）。在大学里，奖学金是由基金会、企业或私人捐助的，这类奖学金有上万种之多，金额从数百美元到十多万美元不等。大部分奖学金只提供给美国公民。有些奖学金条件十分古怪，如必须姓某特定的姓氏、必须是犹太孤儿或是左撇子等，如此五花八门、条件苛刻的奖学金往往形同虚设。

1980 年 12 月，美国通过《专利商标法修正案》，它规定由联邦政府资助的小企业、非营利机构，其研究成果由小企业和非营利机构所有，鼓励大学与企业合作转化由联邦政府资助的科研成果。此后，美国又相继出台 4 项有关政策，调动了政府、高校和小企业在技术转让方面的积极性。1986 年，大学技术转让收入 3000 万美元，1991 年 2 亿美元，1992 年 2.5 亿美元。大学技术转让为美国经济作出 300 亿美元贡献，市场超过 1000 种产品来自大学科研成果，并每年提供 25 万个就业机会。1998 年，格林斯潘声称，随着知识爆炸、技术革命和全球化市场等这些市场力量的作用，新经济概念的出现，一国财富在很大程度上由国民的智力强项、读写能力、创造力和设计创新能力所决定，自然资源和生产能力所占比例已日益减少。市场力量对高质量教育的需求正在"加速度"前进，高等教育价值观念越来越深入人心。在这种情况下，预计超过 2/3 的美国高中毕业生将上大学。社会强烈的学习"需求"致使新的学习"提供者"应运而生——它们当中很多是非传统和营利性大学。这些大学会提供许多全新学习机会来吸引"新学生"。于是，高校扩招就成为增加入学机会的最好选择之一。在新经济概念下，知识"爆炸"模糊了传统知识的界限。20 年前，计算机科学还处于初级阶段，今天它已成为各领域的必备工具。同样，分子生物学在当时高校内也是凤毛麟角的专业，而今天约有 90% 生物学家使用分子生物学技术。

近年来，生物信息、虚拟技术、微电子和其他边缘学科的投资均在逐年提高，其促使高校研究与商业盈利紧密联系。高校在选择学科专业方向、研究与教学、公司合伙人和联盟者的过程中，需要寻求一条将教学、研究与经济利益联系在一起的办学之路。美国教育系统鼓励革新和创造，高校之间竞争性很大。高校如能对社会需求作出迅速反应，就有望"称雄一方"；反之，在竞争中如漫不经心，则很快会被对手击败。随着市场力量"入侵"，人才竞争日益激烈，大学研究活动变得规模宏大、经费昂贵，需要更多资金资助，它们须与营利机构有更多的"接触"。教师往往身兼数职，在高校是教授，转身又成为公司的 CEO。事实上，大多数药品制剂公司与整个高校研究系统"锁定"合同，它们以雄厚的财力垄断药品制剂研发活动，其实质就是垄断了该领域的"学术"研究和研讨活动。

美国高校排名也直接影响其资金来源。高校排行目的是为学生和家长选择学院提供信息；同时它还影响政府对教育的决策与拨款。《美国新闻与世界报道周刊》一般设立 5 ~ 7 项指标，具体如下：（1）学术声誉。声誉高的学校大部分是那些入学标准高、财源丰富、师资力量强的学校。该指标一般能反映学校学术水平。（2）保持率。它是指 4 年内读完学士学位的学生占学生总数的百分比。

大部分著名院校通过为学生提供特别指导和经济援助，使学生入学后4年内能毕业，但一般院校难以做到。（3）师资状况。它主要通过班组规模、师资薪酬、师资学位、师生比例、全日制师资比等指标来反映。（4）学生选择。它是入学录取标准，是衡量学生素质的重要尺度。（5）财务状况。它主要用以衡量学校在学生完成学业方面的作用，以及这种作用发挥的效能等。该项指标是以教育费用和其他费用等要素来综合评定的。（6）其他。如校友捐赠比率、其他一些附加值等指标。美国大学排行榜名列前茅的学校有加州理工学院、哈佛大学、麻省理工学院、普林斯顿大学、耶鲁大学、斯坦福大学、杜克大学、哥伦比亚大学、芝加哥大学等。其中，哈佛大学、斯坦福大学、哥伦比亚大学和芝加哥大学都是著名的私立研究型大学。

对许多国家来说，高等教育中营利性学校的出现是一种新现象，它导致私立高等教育的扩张。在菲律宾，大学可在证交所上市，其历史也已有几十年了。在英国，其教育特点是扎根于现实，它是一种重视学校实际情况的教育。2006年起，英国将实施新教育预算制度，剥夺地方政府教育预算审定权。地方政府必须根据学校学生数量，按国家要求向学校支付预算。教育经费在英国地方政府预算中约占40%。英国的校长有点像企业经营者，可决定预算用途，国家不干预学校经费支出，学校有较充分地使用财务资源的自由。2005年1月23日，据美国高校经营管理者协会披露的调查结果显示，全美共有56所大学的资产超过10亿美元，其中名列前茅的有哈佛大学（255亿美元）、耶鲁大学（152亿美元）。这些资产过亿的学校每年将21.7%的资金用于风险基金投资，5%左右资金用于奖学金或其他科研项目，其他资金则用于证券、房地产等。在2005年6月30日结束的财政年度中，被用于奖学金或其他科研项目的部分资金投资收益率平均为9.3%，2004年为15.1%，2003年为3%。

二、高校财务报告分析

高校财务报告包括资产负债表、收支情况表、专用基金变动情况表、有关附表及财务情况说明书。财务情况说明书主要说明高校收入及其支出、结余及其分配、资产负债变动、专用基金变动的情况，对本期或者下期财务状况发生重大影响的事项。在改革高校会计的同时，高校财务报告应能以应计制报告其整体财务报告目标的实现情况，充分反映更多有用信息并强调报告现金流量和附注信息的披露。我国高校不同于一般企业，其分析应具有一定特殊性。分析高校财务报告，应注意以下两个方面。

（一）办学方向评价

我国的高校从事的是社会主义高等教育事业，因此人们有理由对其"办学方向"和贯彻党的"教育方针"进行评价。社会主义高校必须坚持坚定正确的政治方向，具有"以学生为本，以教师为魂""信义勤爱、思学志远"和"面向社会、求真务实、百年树人、经世济国"的办学理念，并追求卓越、与时俱进。高校教师应热爱祖国、热爱学生，具有渊博知识和精通本学科学问，并具备教学、科研和创新能力。高校在教书育人、科学研究和为社会服务上，理应向党和国家交出一份令人民满意的答卷。

在当前的改革形势下，大学同样面临不少新问题。改革开放、发展是硬道理，但如何改革开放、如何发展，才算是真正符合"社会主义"的硬道理？在创办国际化、世界一流的大学问题上，我国香港的大学有其办学特点。如香港城市大学有教师900多位，来自22个国家，外籍教师近30%，有9位是世界级院士，超过500名教师持有海外顶尖学府的博士学位，150名教师曾长期在海外知名大学担任专职教研工作。高学历、丰富的教研经历、全面的国际视野、完整的学术生涯，几乎成了香港高校教师的标尺，也成了香港"一流"大学的一张王牌。再如香港中文大学，其授课老师几乎来自世界各国，他们造诣深、理念新；学校为教学的投入也是"大手笔"的，可耗费14亿港元专门盖一个高级酒店供师生教学使用。还有1991年建校的香港科技大学，现已取得一批具有世界先进水平的科技成果，工商管理硕士教育进入世界前50名，居亚洲第一。该校依山傍水，全校风景最美丽处——临海景观楼是一年级本科生的宿舍，这种做法与哈佛大学一样，其理念是让"年幼"的一年级新生能得到更好的照顾。这种"以人为本"的理念体现在整个学校的教学和其他服务中，学生即使毕业多年依旧难忘母校，致使不少人对学校进行大量馈赠。在教育开放中，内地大学可从国际著名大学办学中开阔自己的国际化"视野"，境外大学有许多地方是非常值得内地大学学习的。

在高校财务报告分析中应对高校办学方向进行正确的评价，要以政治家和教育家的标准评价高校领导，并对学校在处理长远规划与近期目标、教学与科研、"出人才"与"出成果""宽容个性"和"思想工作"等方面进行深入分析。这可使高校在改革中始终保持清醒头脑、正确方向，合法合理使用公共资源。

（二）财务活动分析

高校财务报告分析，还必须对高校的事业发展和预算执行，资产、负债和净资产的分布和构成的合理性，资产使用管理，收入、支出的合理、合法性，收入保证支出的程度，专用基金变动，人员增减以及财务管理情况、存在主要问题和改进措施等方面进行分析和评价。在财务分析时，一般对财务指标可采用比率法和比较法。比率分析指标，包括经费自给率、预算收支完成率、人员支出与公用支出分别占事业支出的比率、资产负债率、学生人均支出增减率等。在比较法下，财务分析的具体内容：一是本期实际与本期预算比较，揭示实际与预算之间的差异，了解预算的执行情况；二是本期实际与前期实际比较，揭示前后不同时期的数量差异，了解业务活动或资金活动的发展趋势；三是本期实际与先进水平比较，揭示与先进水平的差异，了解单位存在问题和明确改进措施。比率法是通过计算、比较经济指标的比率，来确定相对数差异的一种分析方法。

目前高校会计执行的还是财政部 1998 年颁布的《高等学校会计制度》，该制度要求高校会计的记账基础采用现金制，经营性收支业务可采用应计制核算。但是，当前高校财务收支活动已从简单的行政单位日常收支发展到目前复杂的以部门、院系为单位、各种业务收支相结合的核算。而高校财务管理仍停留在简单的收支基础上，这势必导致高校出现诸多的财务漏洞与弊端。

高校公共财务资源，包括以学校名义获得的所有预算内外的收支，其预算依法执行情况和使用效率，应当予以"充分"披露。这有利于公共财务资源的合理配置，有利于师生的"教""学"活动，以及使得学校科研活动有一个合理的效益与费用的"配比"。这样做有利于师生的教学效果和科研成果的业绩考核，也有利于学校的财务资源接受全校师生和有关方面的分析评价和监督。

三、高校财务报告改革

高校财务报告是反映高等学校一定时期财务状况和事业发展成果的总结性书面文件，它不仅反映高校财务受托责任，还是信息使用者据以进行经济和社会决策的依据。所以高校财务报告不仅要提供是否遵循预算和相关法规的信息，还要提供关于财务资源的来源和使用情况、教育成本、绩效评价以及未来活动所需要资金的情况等信息，但现在高校财务报告存在一定的局限性。

（一）存在的问题

1.核算基础存在局限性

我国现行高校会计制度规定以收付实现制为记账基础，一些资产产权、债权、债务的情况没有核算或者核算的比较粗略，如固定资产不计提折旧，应付工程与设备的质保金、应收学杂费、应收横向科研经费、贷款预算利息等难以在报表内体现，即当期应收未收、应付未付内容未列入报表，从而使核算的内容不够完整，提供的信息比较简单。

2. 内容不全面

高校内存在多个报告主体，一般说来，一级财务报告主要反映教学、科研两方面的财务状况，而结算中心、校办产业、基建、后勤等二级单位财务报告没有或部分合并到学校一级财务报告中，因此在财务报告的整体信息披露上，不能全面地反映高校的资源状况、负债和净资产全貌及资金使用效果，如庞大的固定资产及其使用情况、举借债务的使用及还本付息情况等。

3. 体系不健全

以 2007 年某省高校部门决算报表为例，包括财决主表 15 张（主要由预算收支明细表、资产负债表构成），财决附表 10 张（包括财政性资金国库集中支付预算执行情况表、资产情况表、非税收入征缴明细表、基本数字表、机构人员学生学员统计表、基金增减变动表等），补充资料表 5 张，报表的设计多是从国家宏观调控和部门预算管理的角度来考虑，缺乏对若干重要附表的规定，对会计报表附注和财务情况说明书也只作了简略提示，财务报告所提供的财务信息和非财务信息很不充分。

4. 未反映绩效与成本信息

高校财务报告应反映高校的管理绩效，以帮助使用者评估高校"消耗了多少资源""消耗在什么地方"及"提供了多少有意义的商品或服务（产出）"和"取得了什么成效（成果）"，我国现行高校财务报告没有提供完整的此类信息，尤其是关于产出和成果方面的信息。除了不能提供绩效信息外，现行高校财务报告也缺少分析，不能提供与绩效评价相关的教育成本方面的信息，由于支出机构不能了解到支出成本，因而不能做出努力使成本最小化。

（二）改革的目标

近年来，随着部门预算改革的逐步深入，预算管理更加强调公共支出的效率和有效性，加强预算支出的绩效管理将成为下一步深化改革的重点。作为非营利组织的高校，其财务报告总体目标必然以绩效为导向，即不仅要提供有关预算执行情况的信息，还应当提供反映高校财务状况及变动情况、教育培养成本以及教育资金使用效益情况的信息，以便客观考核评价各个高校的受托责任与受托绩效。随着高等教育体制改革的深入，逐渐形成了国家财政拨款、学生交费、银行贷款、社会捐赠等多元化投资办学格局。越来越多的利益相关者如政府及主管部门、学生及家长、银行及债权人、社会捐赠者等都需要掌握和了解高校财务报告信息，因此，高校应建立全方位的、信息公开的全面报告体系，以满足多方信息使用者的决策需要。

高校财务报告的具体目标应包括以下方面：（1）向使用者提供反映学校资产和负债规模、构成及流动性，净资产规模、构成及其变动等方面的信息，用以评价学校的财务状况。（2）向使用者提供学校收入、支出及成本，以及培养学生层次、数量、质量等方面的信息，用以评价学校收支情况、提供教育服务的业绩、效率与效果。（3）向使用者提供学校现金收入、流出及其增减变动净额方面的信息，以估量学校现金流量前景、持续运作能力。（4）向出资人和捐资人提供学校净资产及其变动情况，及对出资和捐资使用情况的专门信息，以助于他们做出是否继续出资、捐资的决策和评价学校净资产的保全情况、持续服务的能力，以及经管责任的履行情况。

（三）改革的思路

1. 改革会计核算基础

高校会计要素的确认、计量原则应逐步走向权责发生制，使财务报告中资产、负债更真实可靠。如对于欠交的学费按学生收费软件中统计数挂应收款处理；按《高校教育培养成本监审办法（试行）》中规定的折旧年限，对设备及房屋建筑物采用直线法计提折旧，对更新换代较快的电子设备采用加速折旧法计提折旧；设置"预提费用""应付设备款"等科目，一方面使收入与费用配比，另一方面使账外的债权债务能在账簿与财务报告中得到反映。

2. 确定报表主体和编报范围

以学校为主体编制合并资产负债表，全面反映学校财务状况。高校是独立的法人，年末资产负债表应合并所有校内独立核算非法人的二级单位资产负债表，在抵消内部经济业务往来的基础上，编制合并的资产负债表，综合反映学校财务状况。对与校本部核算基础不一致的二级单位报表，可在合并报表内增添"其他资产""其他负债""其他净资产"等栏目综合反映。同时，将表内流动资产与长期资产，流动负债与长期负债分开填列，更清楚地反映资产负债流动性情况。

3. 增设现金流量表

以收付实现制为基础的收支明细表并不能真实地反映高校的现金流量情况，随着高校办学规模的扩大和高教评估工作的开展，高校对基建和设备的投入巨大，加上日常运转经费，高校资金通常会出现紧张状况，这就使得高校管理层非常关心现金结存和增减变动情况，以有效的调度使用货币资金，避免出现因集中还贷造成现金周转困难或调入资金停滞积压形成浪费等现象。结合高校实际发生的业务内容，笔者认为现金流量表可设教学科研及其辅助活动、缴拨款活动、投资活动、筹资活动四大类项目，然后分析当期货币资金与对应科目的发生额及该项业务的经济性质，将各类活动产出的现金流分类归总填入现金流量表相关栏目，这样就把收入和支出等会计信息转换为衡量学校支付能力，偿债能力的现金流量信息，可向报表使用人揭示有关因融资、投资等产生的货币资金实际变动情况。

4. 增加会计附表，注重绩效指标分析

在知识经济时代，无形资产将会日益成为高校市场价值的关键，但是在财务报告中详细反映无形资产会使报告太冗长，影响财务报告总体的简明性，建议增加无形资产附表，详细反映无形资产的创建、拥有、摊销、转让及预计给学校能带来的经济效益。此外，结合学校实际情况，增设借款明细表、投资明细表、固定资产增减变动表、往来款项明细表、基本数字表等附表，设计一些绩效指标，计算分析学校办学效益。

5. 规范报表附注中非财务信息的披露

非财务信息能够帮助信息使用者更好地理解与运用财务信息，从而提升财务信息的价值。高校应在坚持财务信息核心地位的同时，适度披露非财务信息，如学校事业发展规划、学校规模与专业特色、招生数和毕业生数、毕业分配情况、当年办学产生的社会与经济效益，信息管理层的分析评价、合并共建情况，学校的法律诉讼案件、内部控制制度建设、分配政策的变动情况等，以帮助使用者理解和使用报表信息，满足报表使用者对决策有用信息的需求。

第二节 高校财务报告编制

一、高校会计制度及财务报告编制的演进

中华人民共和国成立后，高校作为事业单位，在相当长的一段时间内采用统一的单位预算会计制度。这一制度起源自财政部在 1950 年 12 月颁布的《各级人民政府暂行单位预算会计制度》，其后又经过多次修订，形成了以收付实现制为基础，以资金收付记账为方法，以"资金来源－资金运用＝资金结存"为会计恒等式的规范要求。

随着经济发展，社会对教育事业的需求不断增加，高校业务逐渐趋向复杂化，但原有的会计制度尚不完善，难以满足高校的核算要求。为此，1988 年 12 月，国家教委联合财政部颁布了中国第一部独立的高校会计制度，即《高等学校会计制度》。相较于此前的单位预算会计制度，它的主要变化在于除了改变单一收付实现制，明确高校在进行对外服务和科研项目的核算时，经主管部门批准，可以采用权责发生制，还进一步在编制和出具会计报表上作出详细规定，明确高校可按月度、季度、年度出具会计报表，并列示了从资金平衡表、经费支出表到对外服务收支表等十种年度决算表式。不过，此种方式与国际主流的财务报告形式差别较大，且比较复杂。1998 年，财政部出台了修订后的《高等学校会计制度（试行）》，将权责发生制的使用范围扩大至经营性收支业务，并将会计报表简化为资产负债表、收入支出表和支出明细表三种，将资金"收付记账法"改为"借贷记账法"，在会计恒等式与会计科目的设置上也进一步与国际接轨。

21 世纪以来，高校业务进一步多元化、复杂化，尤其是校办产业开始脱离高校，实行独立核算，所衍生的关于权益分配与合并报表等业务问题在原制度中并未涉及，导致各高校在实际操作中的处理办法并不相同，出具的会计报表所体现的会计信息难以统一。2013 年 12 月，财政部颁布《高等学校会计制度》，对高校会计处理做出重大变革，进一步与现代企业会计制度和国际标准同步。这一制度首先将"会计报表"的称谓改为"财务报表"，并规定高校会计核算一般采用收付实现制，但部分经济业务采用权责发生制，同时在收入和支出的列示中加入了月度明细情况，使得财务报告所反映的收支信息更能反映各期间的真实情况。

在此基础上，财务报告的表式相应从原三种类型改为三表一注的形式，即资产负债表、收入支出表、财政补助收入支出表和财务报表附注。总体来看，新的《高等学校会计制度》提高了财务信息的有效性，完善了报告体系，有助于提高财务报告编制效率和所反映信息的质量，但依旧与其他事业单位的财务报告差别较大。

随着政府会计制度改革工作的不断推进，财政部相继颁布了政府会计准则、政府会计制度和相关解释文件，并决定从 2019 年 1 月 1 日起，高校、医院、科研院所等各类行政事业单位全面执行统一的政府会计准则制度。新的政府会计制度中最为关键的一点是将财务会计科目与预算会计科目划为平行科目，形成了分别以权责发生制和收付实现制为基础的平行会计核算体系。高校需按权责发生制为财务管理提供会计信息，按收付实现制为预算管理提供信息，同时出具财务报告和决算报告。此举实现了同一会计核算系统具备财务会计和预算会计两个功能，但也增加了高校财务报告编制的工作量和工作难度。同时，新政府会计制度将收入与支出的概念替换为收入与费用，涉及多处业务核算的增加与改动，无疑也增加了会计处理的难度，促使高校不断分析问题、改进工作，以适应变革。

二、高校财务报告编制的要求

对高校编制财务报告的要求可以分为工作认知、报告编制和报告结果三个层面。

从认知层面来看，经济格局的改变要求行政事业单位提高对财政工作改革的政治认知。新实施的政府会计制度不仅是对高校财务制度的变革，也包含着重要的现实意义。党的十八大以来，尤其中国特色社会主义进入新时代后，中国的经济格局发生了重大改变，对财政工作的要求也提升到了新的层次。过去行政事业单位的财务工作中，会计行为不规范、业务处理标准模糊、信息反馈失真等问题亟须解决，而建立统一、全面、高效、优质的政府会计体系，实现准确核算、清晰反映各类行政事业单位财务信息和预算信息，也成为改进政府绩效、提升行政事业单位管理水平的必然要求。

从编制层面来看，高校的企业业务改革要求在会计处理和财务报表编制上反映出更精准的经济信息。高校必须做好预算会计，保障教育事业的可持续发展，但在这一过程中，长期以收付实现制为基础的核算思维成为一大惯性。高校的企业业务兴起于 20 世纪 90 年代，当时，通过创办企业，将技术成果转化为社会生产力的案例屡见不鲜，原高校财务制度也对此作出过相关规定。新政府会计制度全面实施后，权责发生制被全面引入到高校财务核算工作中，而企业业务改革又较多地涉及以权责发生制为基础的核算。因此，如何改变过去较多采用收付实现制进行核算的习惯性思维，更为精准地反映经济情况，就成为高校在建立新的财务会计系统过程中的重要任务。

从报告结果的层面来看，高效、优质的高校财务报告除了应包含规范化的财务报表，还应包含系统的、能有效反馈信息的财务分析。财务分析对使用者理解和评价高校财务状况十分重要，2019 年年底财政部修订印发的《政府财务报告编制办法（试行）》中明确提出，财务分析是政府部门财务报告的组成部分，各部门可从财务状况、运行情况、财务管理情况等方面进行具体分析，同时修订印发的《政府部门财务报告编制操作指南（试行）》中又列出了分析方法建议和部分基础性参考指标。由于财务分析本身具备较强的信息反馈属性，对可读性的要求较高，且可以依据高校自身的特殊情况进行适当改变。因此，高校应在基础指标之外，选择能够凸显自身重点信息和关键信息的指标，同时利用多种分析方法，构建系统性的评价体系，综合反映全年的财务状况和运行效益。

三、高校财务报告编制中的问题分析

目前高校财务报告编制中存在的问题主要集中在制度理解不透彻、会计核算不规范、信息技术不匹配和报告结果反馈的信息过于简单等四个方面。

（一）对新实施的政府会计制度学习和理解不够透彻

财政部对政府会计制度的改革决心和改革力度很大，新政府会计制度相对于原高校会计制度的变动较大，因此，如何全面理解并把握政策体系是高校财务人员首先面临的一大问题。从 2014 年年底国务院批准财政部进行财务制度改革起，财政部相继颁布了一系列政策，涵盖从基本准则到与存货、股东资产、会计科目、报表相关的具体准则和应用指南等，其后又通过解释文件、补充规定和衔接规定对相关政策作出了进一步说明和补充，由此可见整个政策体系文件类型的多样性与内容的复杂性。由于财务报告的质量高低关系到会计制度改革效果的最终呈现，对以上具体业务处理变化的深入学习和理解可以更好地服务于报告编制工作，但同时也对财务人员的整体理解能力提出了比较高的要求。另外，在这些政策中，既包含普遍执行的文件，也有专门执行的文件。从财政部发布的针对高等学校执行《政府会计制度——行政事业单位会计科目和报表》的补充规定和衔接规定来看，其涉及科目更多，业务情形的判断也更为复杂，是高校财务人员学习的重点

和难点。

对政府会计制度的变革掌控不足也是导致高校财务报告编制难度大的重要原因。在政策的详细规定中，政府会计制度从资产、负债、权益、收入、费用等方面全方位扩大了高校业务核算的范围，大幅增加了财务人员的学习内容，尤其在制度改革初期，财政部对会计账务处理的改动比较频繁，这更提高了财务人员学习新制度的难度。以提取管理费为例，依据 2017 年的《政府会计制度——行政事业单位会计科目和报表》的规定，进行预算会计账务处理时应借记非财政拨款结转——项目管理费，贷记非财政拨款结余——项目管理费，但在 2019 年颁布的《政府会计准则制度解释第 2 号》中，此处的预算会计却可以不做处理，如何理解此类改动背后的逻辑比较考验财务人员的能力。

（二）会计核算基础不够规范

会计核算基础不够规范是目前高校财务报告编制中较为突出的问题，也是历史遗留的问题。从高校会计制度的演进过程来看，在政府会计制度实施前，高校财务人员的工作重心是用收付实现制进行预算会计处理，惯性思维强，涉及权责发生制和以此为基础的财务会计处理较少。由于 2013 年印发的高等学校会计制度对权责发生制使用范围的界定比较模糊，各高校在实际运用中存在不少差异，这使得在制度标准统一后，高校财务人员在调整、抵销、合并等事项中容易产生遗漏或错误处理。另一方面，编制以权责发生制为基础的财务报告本身就具有核算范围广、专业要求高、技术难度大的特点，而高校财务人员在实施新政府会计制度的初期又面临学习任务繁杂、工作量多的困境，这加剧了会计核算不够规范化的问题。再加上现行政府会计制度中涉及很多需要进行专业判断的问题，导致高校财务报告的编制难以满足具体业务处理结果统一的要求。

（三）信息化技术跟不上报告数据的要求

现有的会计信息化技术跟不上预算会计与财务会计平行核算的要求。新的政府会计制度实行收付实现制与权责发生制平行记账，对于不纳入预算管理的业务一般采用权责发生制记账，对纳入预算管理的现金收支业务则采取双重记账。这不仅意味着一张原始凭证需要记录两次，而且需要财务人员在进行业务判定时及时切换记账思维，账务处理变得更为复杂，对报告数据的搜集、整理、分析和呈现都提出更高的要求。然而，原有的会计信息系统主要为预算管理服务，新增的财务会计处理功能并不健全，与高校的业务匹配度不高，再加上财务人员的收付实现制思维惯性强，短时间内难以与当前的双重核算方法良好融合，加大了数据处理的难度。此外，在高校业务多元化与复杂化背景下，新实施的平行账务系统更需要财务人员全面、快速地收集科研、教学、招标等业务信息并进行处理，但不少高校的财务信息系统与业务信息系统对信息的处理标准并不统一，自动核算功能弱，财务人员需要多次核对信息，降低了报告数据的处理效率。

（四）报告结果体现的数据信息较为简单

在前述问题对高校出具规范化的财务报告造成多重阻碍的情况下，高校更无暇顾及在财务报告中提供系统化且有效性高的财务分析，这导致高校财务报告反馈的数据信息往往过于简单，对后期财务工作的改进帮助不大。这一问题既来自现实条件的约束，又因为构建系统性财务分析体系本身就困难重重。第一，政府会计制度的改革尚在初期，面对仍然比较陌生的财务会计系统和较为繁杂的业务处理要求，高校财务人员很难全面吸收和迅速理解各大政策文件中的新规变动及其背后的深层逻辑，尤其对一些财务人才匮乏的高职院校，现实条件带来的约束感更强烈。第二，对财务分析指标的完善也存在很多困难，除了缺乏高水平的财务人才进行顶层设计，在财务指标的选取工作中，虽然一些定性指标能够更为准确地反映高校财务管理水平，但其基础数据却不容易获取和度量。同时，如何通过准确的分析来说明指标背后的含义也存在困难，例如成果转化率偏低的问题就可能涉及对科研规划、人才部署、科研难度、经费支持等多层面地了解。

四、高校编制财务报告的对策与建议

（一）组织系统性的政策学习活动

新政府会计制度的政策体系比较繁杂，内容变动大，在理解上有一定难度，需要系统地学习。虽然目前高校财务部门都组织了相关学习活动，但各高校间主要采取的是独立参悟，缺乏交流，不利于整体进步。政府主管部门在政策学习中应该发挥主导作用，收集在审核各区域高校财务报告中主要存在的问题并作出进一步答疑、解释和规定。同时，统筹各区域间的高校财务人员力量，以综合财务实力强的高校作为领头羊，指定帮扶高校，而财务人员少、财务处理能力弱的高校则跟随学习。高校财务部门的内部学习活动也需改善。目前高校财务部门的学习形式主要以召开集体学习会议、听取专题报告会等"大课"为主，虽然有助于建立顶层意识，但对财务报告编制工作中面临的细节问题关注度不够，许多问题只是私下交流，没有进行深入细致的讲解。高校财务部门应思考如何补足"小课"，比如在部门日常例会中加入业务处理问题汇总讲解的环节，也可以学习企业财务部门常常采用的以业务小组为单位开展的财务培训会形式。

（二）规范业务处理方法

高校财务人员对以权责发生制为基础的财务会计核算的不熟悉导致了很多非规范化处理，对这一问题应该从财务部门和财务制度两个层面解决。高校财务部门要依据政府会计制度相关政策建立规范化的业务处理方法并指导财务人员进行操作。对于政府会计制度并未明确规定，需要进行专业判断的问题，如资产的折旧与摊销、代管款项科目的核算等，应进行专门的指导。此外，有条件的高校还可以成立专门的会计制度改革部门负责开展相关工作。高校财务制度也需不断完善，可以通过深入研究政府会计制度，依照自身发展现状以及财务制度设定情况做好补充优化。例如，政府会计制度将收支的概念转变为收入与费用，那么高校对于收入与费用的管理也应随之改变，避免出现因自身财务制度与政府会计制度冲突而导致的核算不规范问题。同时，高校应积极向政府主管部门反馈核算中出现的问题，并提出建议，以便及时修订现有核算体系中不合理的地方。

（三）做好信息系统规划，建设高效财务信息系统

高校预算会计系统比较完善，而新加入的权责发生制对信息的搜集效率提出了更高要求，高校现有财务会计信息系统无法完全满足。对此，高校需做好信息系统的建设规划，从下至上，建设由"物（即财务软件基础）、信（高效流通的信息渠道）、人（具有综合素质的财务人才）"构成的财务信息系统。第一，强化信息系统软件基础。大部分高校的财务软件仅使用了非常基础的部分，无法满足高校财务报告编制和分析的要求，需要高校整合财务信息化建设资源，借助财务软件搭建能提升财务管理水平的信息化平台。第二，打通业务部门、财务部门和资产部门之间的信息壁垒。各部门间信息标准统一是提高处理效率、实现业财融合的关键，但业务信息系统对信息的处理标准与财务、资产部门并不统一的问题比较突出，因此，财务部门应该与业务部门和相关职能部门及时沟通，共同制定相关信息标准规范，加强其对财务系统的了解，减少信息搜集难度，建设能够实现业财融合的财务信息系统。第三，培养既能够处理财会业务，又具备一定信息技术能力的高素质财务人才。

（四）构建适用于高校的财务分析体系

高校财务报告体系的总体要求是能够针对高校财务管理工作给出详略得当、有所侧重的说明与评价，各高校需结合自身关注的重点进行构建。第一，高校经费主要投向人才培养和科学研究，经费的来源、使用与产出是财务分析的主要关

注对象和重要工作内容。高校可以基于《政府部门财务报告编制操作指南（试行）》中所提出的基础性参考指标，以教学与科研为切入点，进一步细化指标，从而构建财务分析指标体系。以资产状况分析为例，由于固定资产包含的信息量较大，可以将固定资产比率再度细分为科研固定资产比率、教学固定资产比率和其他固定资产比率，分别考察科研资产（科研器材、设备、科研专用建筑等固定资产）增长情况、教学资产（教学楼、学生公寓和其他教学用固定资产）增长情况、其他固定资产经费投入情况。可以结合各类资产的使用期限和折旧率，考察其持续提供服务的能力。同时，分析非本职工作对固定资产的占用，减少购买对高校意义不大的资产，加强经费使用效率。第二，《政府部门财务报告编制操作指南（试行）》只是单纯罗列了一些参考性指标，和许多基础性财务分析一样，其考察对象的指向性并不明确，且主要按照资产、收入等会计属性归类，不够灵活。高校可以按照自身情况设置一级考察对象，再在其下一级设置各类不同财务指标。以科研为例，高校可以设置科研绩效为一级考察对象，其下再设置科研设备比率、科研人员经费增长率、科研收入增长率等不同类别的指标。

第三节　高校财务报告分析指标体系

一、高校财务报告分析主体及需求

（一）高校财务报告分析主体

一直以来，由于高校的办学经费来源主要为政府财政拨款，高校财务报告的主要报告对象为财政及教育主管部门，服务于政府预算管理。随着高等教育体制进行深入改革，高校由原来依赖财政逐步转变为面向社会自主办学，多元化投资主体的办学格局逐步形成，高校财务报告的利益相关者也扩大为高校内部管理层、教育主管部门与财政部门、学生及家长、银行及债权人、捐赠人以及社会公众等。而目前高校的财务报告主要用于政府教育经费核算、经济统计和财政预算执行等方面，较少向社会公众公开。

（二）高校财务报告分析需求

高校的内部需求者主要有高校内部管理层、教育主管部门与财政部门，外部需求者主要是学生及家长、银行及债权人、捐赠人以及社会公众。不同的需求者对于高校财务报告分析的需求也不同，如教育主管部门与财政部门需要评价高校内部管理层对于经管责任的履行情况，进而决定将资源科学有效地分配给各个高校，即主要关注资金拨入与使用过程中资源配置的能力；学生和家长希望能获取学校培养学生的具体教育成本信息；银行和债权人希望通过财务报告获取高校的偿债能力信息；捐赠人需要了解其捐赠财物的具体用途及效益；除了这些利益相关者，有着广大需求的社会公众要求监督公共资金的使用情况，他们更关注高校的运行能力，希望起到知情与评价的作用。然而，长期以来高校财务报告目标只是为政府财政及教育主管部门服务，不能满足大部分利益相关者的信息需求。

二、高校财务报告分析应用存在的问题

目前的财务分析指标根据《政府财务报告编制办法（试行）》（财库〔2019〕56号）以及《政府部门财务报告编制操作指南（试行）》（财库〔2019〕58号，以下简称《部门指南》）中相关规定，对高校的财务状况分析、运行情况分析、财务管理情况等作出了相应的要求。现有的高校财务报告分析应用中存在着财务分析针对性不强、财务分析可用性不强以及指标评价标准不明确

63

的问题。

（一）财务分析针对性不强

目前《部门指南》的财务分析指标设计很模糊，采用通用的参考指标，没有考虑到各部门间信息使用需求的差异，使得现有的指标体系无法满足使用者需求。以教育部门里的公立高校为例，高校是非营利性组织，其收入主要源于政府财政拨款，因而财务分析指标的设计中，不需要与利润率相关的指标。而作为公立高校的上级部门，公共服务部门更多地关注资产管理以及运营能力方面，即资产能否得到有效应用，促使资产发挥使用效益，财政拨款是否能得到有效使用等。由此可见，目前高校财务报告分析指标的设计需要充分考虑财务报告信息使用者的需求，设计满足信息使用者需求的财务分析指标。

（二）财务分析可用性不强

高校参照的《部门指南》的财务分析指标没有考虑到高校等部门的业务实际情况。目前高校财务报告分析的质量不高，大多数只是根据概念和公式对财务状况进行简单说明及解释。大部分的分析忽略了财务数据与业务信息的关联性，无法提出优化意见，财务分析可用性不强，如收入变化的政策影响因素有哪些、资源配置是否具备科学性等，这些能够反映财务管理水平的分析不足。再比如，部分高校可能存在科研收入相关的预收账款较大的情况。这部分金额在当期确认为预收账款，以后年度需要按照合同进度确认收入，但这扩大了负债的范围，造成资产负债率虚高。对此，需要结合高校的实际业务，修正高校的财务分析指标。

（三）指标评价标准不明确

目前高校的财务指标评价标准不明确，而企业对相关财务指标则有科学合理的参考标准。以资产负债率为例，企业的资产负债率一般在 40% ~ 60% 为正常范围。如果太低，表明企业融资和投资能力较差，企业今后的发展可能会受到限制。对于不同行业的企业来说，贸易类企业一般不超过 80%，生产类企业一般不超过 70%。而目前高校的财务指标评价标准尚未明确。由于各个单位的性质及业务特点存在差异，各个单位之间的财务指标值差异较大。例如，民办高校的资产负债率普遍处于较高水平，2018 年中国民办高校资产负债率的平均值为 41.8%，其中最高值甚至超过了 70%。在缺少对照标准和参考值的前提下，高校无法评价其财务分析指标的合理性，无法准确定位以及科学合理分析。因此，针对高校的财务指标，需要制定科学合理的对照标准和参考区间。

三、高校财务报告分析指标优化建议

目前高校财务分析指标体系存在财务分析针对性不强、财务分析可用性不强以及指标评价标准不明确的问题，这些问题的根源在于财务分析指标的设置。因此，对高校的财务报告分析指标提出相应的改进建议，希望能对高校财务分析指标体系的构建起到借鉴作用。

（一）设计个性化的财务分析指标

目前高校参考的政府部门财务分析指标较为简单，不能有效满足高校财务报告分析主体的需求。对于高校财务报告分析需求较大的社会公众而言，他们可能更关注高校的运行能力，因此，高校财务分析指标体系可划分为资源配置能力指标、偿债能力指标以及运行能力指标，《部门指南》中的资产负债率以及流动比率可划分入偿债能力指标。

由于高校财务报告分析主体除了内部的高校管理层、教育主管部门与财政部门，还包括外部需求者如学生及家长、银行及债权人、捐赠人以及社会公众等，不同的分析主体对于高校财务报告分析的需求也不同。除了关注高校的运行能力以及偿债能力外，根据高校财务报告分析主体的信息需求可知，资源配置能力也是分析主体关注的重点。可以参照企业对于周转率的定义，设置总资产、应收账款、预付账款和固定资产等方面的周转率，其中总资产周转率可以用来衡量高校总资产的规模和收入之间配比的情况，从而对高校总资产的使用效率进行评估；应收账款周转率和预付账款周转率可用来衡量高校的资金使用效率；固定资产周转率可用来分析对设备等固定资产的利用效率。此外，在资源配置能力指标中，可以增设货币资金、往来款项、固定资产等占比指标，具体分析高校资产中各项的构成及分布。

（二）结合高校实际修正财务指标

在增设指标后的偿债能力指标中，需要注意的是，受托代理资产不是高校所控制的资产，因此在设置财务指标时，受托代理资产应从总资产中除去。此外，涉及资产负债率这一指标，可考虑根据合同进度确认的科研收入相关的预收账款，将其剔除，进而更真实地反映高校的偿债能力。若修正资产负债率较高，可以增设有息资产负债率的指标，反映高校对有息债务的偿还能力，并作进一步分析，增设长短期借款等指标，结合重点负债项目的变动，分析债务结构以及规模等，

控制财务风险。在衡量高校的运行情况时，可结合高校实际，分别从收入情况和支出情况两方面来分析。在收入情况方面，高校可增设财政拨款依存度、教育事业收入占比、科研事业收入占比等指标，分析收入的结构分布和增长率。在支出情况方面，可增设人员经费支出占比、公用经费支出占比等指标，分析费用的结构分布以及用途是否合理，是否需要加强控制。

（三）明确指标分析值的参考标准

财务指标体系的建立是高质量财务分析的前提，此外，指标分析值的参考标准也是必不可少的。具体到高校，可以采取这两种办法，第一种是明确通用且认可度高的参考值；第二种是需要主管部门整理、分析和设置相关的数据信息。

第一，以通用标准值作为参考标准。一般来说，现金比率的参考值为1，流动比率的参考值为2。资产中即使有一半不能立即转换为现金，仍然有偿还流动负债的能力。如果这两个指标值都高于通用标准值，表明高校拥有较好的偿债能力和较低的财务风险。第二，以平均指标值作为参考范围。主管部门可以收集整理近两三年的数据，并将这些数据分层次，设置各个层次的参考标准。比如，在资源配置能力方面，可以根据资产规模设立区间，确定平均值，并根据上下浮动的特定比例设置参考范围，偿债能力和运行能力方面也是这样设置。在设置区间和均值时，要有两年以上的财务数据作支撑，并需要估计区间样本量是否足够，因此适用于高校财务报告编制成熟的条件下设置。

第四章　高校后勤财务内部控制体系构建

第一节 高校财务内部控制

一、高校财务内部控制理论

（一）高校财务内部控制的理论基础及概念

目前我国的公办高校是政府利用国有资产设立的，经费以财政拨款为主，从事教育、科研、社会服务等活动的事业单位。财政部 2012 年颁布的《行政事业单位内部控制规范（试行）》中提出：包括事业单位在内的各单位，为了加强廉政风险防控机制的建设需要进一步提高其内部管理水平，即通过制定规范化的内部控制制度、具体的实施措施和详细的执行程序等，在经济活动中对可能出现的风险进行防范和管控，并最终实现单位控制目标。而在同年，财政部、教育部印发的《高等学校财务制度》中则细化到：各级人民政府或其他社会组织和个人举办的高等学校，应本着根据国家相关法律法规和财务相关制度；秉承勤俭办学的指导方针；合理兼顾学校发展需要和资金融通来源的关系、经济效益和社会效益的关系、国家与学校以及第三方利益的关系等原则。在日常经济活动中完成预算的合理编制、有效控制执行，决算的准确编制，财务报告的真实出具；依法开源、努力节流；建立健全学校的经济核算及绩效评价等制度，合理配置和有效利用资金资产，防止流失；加强学校的财务风险防范和对经济活动的财务控制和监督。以进一步实现对高等学校经济活动的管理和监督，提高学校资金的使用效率，促进我国高等教育事业健康可持续发展的目的。

综上所述，高校财务内部控制是高校各级党委、行政教学部门为了保护学校资产的安全完整，实现日常教学、科研工作及其经营活动的管理目标，有效地防范和控制在运行过程中可能会出现的风险而制定财务内部控制制度并加以实施的过程。

（二）高校财务内部控制的目标

1. 遵守相关法律法规

依法治校是高校的立足之本。高校的各项经济业务活动都必须在国家法律、相关部门规定以及校内制度允许的范围内开展，严禁发生违法违规行为，这是高校财务内部控制的前提和基础，也是其最基本的目标。

2. 保障资产安全完整

我国公办高校的资产所有权归属于国家，但目前存在高校的法人治理结构不合理以及产权不明晰等问题，这样就对高校财务内部控制提出了更高的要求。在这种情况下，高校需要更成熟的管理理念和方法、更先进的技术手段等保障其资金和财产的安全完整，实现其控制目标。

3. 会计信息真实完整

会计核算能够客观真实地记录经济业务，并对其进行反映和监督，高校财务内部控制必须保证会计信息的真实完整，反馈高校预算的执行情况，为其管理层的决策提供可靠的依据。

4. 教学的效率和效果

高校是非营利性组织，虽然不用追求利润的最大化，但也同样要讲求教学的效率和效果。所以，充分发挥教学资金的利用率、最大化地配置教学教研资源、培养更多的人才、提供更好的社会服务是高校财务内部控制的重要目标。

5. 防范舞弊预防腐败

财务内部控制的一个基本效果即实现管理权力的制衡，高校应该充分认识到这一点，在校内财务内部控制中完善决策权限、执行权限和监督权限的制约机制，从而有效地遏制校园贪腐。

（三）高校财务内部控制的内容

1. 环境控制

良好的控制环境是保证财务内部控制能够有效进行的基础，主要包括：财务内部控制文化建设、科学的治理结构、财务内部控制制度、人事管理制度等。

2. 风险评估

财务管理活动和日常经济活动等都可能发生与其既定目标出现偏差的现象，这就是风险。一方面，风险的产生是由不确定性带来的；另一方面，风险的产生又是相对于目标的实现而言的。高校想要对可能发生的风险进行控制，就要以风险评估为前提，而有效的风险评估工作又包括对风险的辨识、防范和应对等，是高校财务内部控制的重要环节之一，也是高校对经济业务活动进行控制的依据。

3. 控制活动

控制活动则是对高校的具体业务的指导和规范，主要包括：预算控制、资产控制、成本费用控制、财务指标分析、融资控制、投资控制、采购与招投标控制、基建工程控制、科研管理控制、合同控制等。

4.信息与沟通

及时有效的信息与沟通能够最大限度地优化工作流程、提高工作效率，主要包括：建立健全办公信息传递系统有利于部门协作、加强财务会计信息披露有利于内外监督。

5.内部监督

高校一般都设有自己的纪检监察部门，可以从提高其部门人员的专业素质，加强其部门工作的独立性、权威性和执行力等方面有效地发挥其内部监督的职能。另外，高校还应该注意发挥教代会等组织在内部监督方面的作用。

二、财务内部控制指标分析体系设计

高校财务内部控制指标分析是指高校根据其财务会计资料，如财务报表、年度预算、其他相关统计数据等，对其具体的财务活动情况进行量化研究、科学地分析问题的影响因素以及有针对性地提出改进措施的过程。高校财务内部控制指标分析和高校财务内部控制的关系可以理解为：一方面，健全的高校财务内部控制是其财务内部控制指标分析中财务会计信息来源真实可靠的保障；另一方面，设计合理的高校财务内部控制指标分析体系对建立健全其财务内部控制也有着至关重要的作用。

（一）高校财务内部控制指标分析在高校财务内部控制中的作用

1.编制高校发展规划的依据

高校通过对财务内部控制指标的分析，可以为其未来的整体发展规划、下一年预算的编制、融资的计划、基建项目的安排以及资产的管理等提供数据依据。

2.经费使用绩效评价的依据

高校财务内部控制指标分析不仅是一种事后评价，也可以发挥事中监督的作用，它可以从不同角度，如将执行与计划、将同期与历史等进行对比，对高校经费的使用情况进行绩效评价。

3.提高高校风控能力的依据

对融资财务内部控制指标和基建项目财务内部控制指标等的分析，可以加强高校对风险的监控、降低高校的财务风险。

4.判断高校财务内部控制是否有效的依据

从高校的预算控制情况、资产控制情况、成本控制情况、风险评估情况、专项经费控制情况等方面进行财务内部控制指标的分析，可以为判断高校财务内部控制是否有效提供依据。

（二）高校财务内部控制指标分析体系设计

1.高校财务内部控制指标分析体系设计的原则

在设计财务内部控制指标分析体系时，高校应遵循下列原则：

（1）科学性原则

高校财务内部控制指标体系设计的科学性主要包括指标使用的数据容易搜集，并且能与现行的财务会计制度相结合；指标所涵盖的内容不能重复，且各指标之间又能够相互补充；指标的计算简明、含义准确。

（2）全面性原则

高校财务内部控制指标体系设计的全面性是指指标的设计应考虑到高校财务活动的各个方面：如分析预算执行情况的指标、分析资产保值及增长情况的指标、分析支出情况的指标、分析筹资能力和偿债能力的指标等。另外，除了设计独立的各类指标，还应适当加入财务内部控制指标的比较分析方法。

（3）可操作性原则

高校财务内部控制指标体系设计的可操作性要求指标的设计除了符合理论要求，还要考虑到现实中的可执行性和实用性。

（4）可比性原则

高校财务内部控制指标体系设计的可比性要注意设计的指标可以将执行与计划比较、将同期与历史比较、将本校与其他同类院校比较等。

（5）动态性原则

高校财务内部控制指标体系设计的动态性考虑到静态的指标容易受到偶然性的影响，而持续动态的指标则能更客观地反映经济事实。

2.高校财务内部控制指标分析体系设计的依据

在对财务内部控制指标分析体系进行设计时，主要依据是：《中华人民共和国会计法》《中华人民共和国预算法》《高等学校财务制度》《政府会计制度——行政事业单位会计科目和报表》等。

三、国外高校财务内部控制及其启示

（一）国外高校财务内部控制

1.美国加州大学

加利福尼亚大学简称加州大学，是位于美国加州的一个由10所公立大学组成的大学系统，也是世界上最具影响力的公立大学系统，被誉为"公立高等教育的典范"。

（1）内部治理结构

加州大学以学校董事会作为最高权力机关，管理和决策校内事务，并支配学校财产。董事会下设的财务委员会和投资委员会，分别负责学校的财政预算、决算的建议与监督和学校投资的方向、方案、比例及评价，并且投资委员会还需要接受财务委员会的监督。另外，董事会下设的监察与审计委员会的责任是监察和审计学校的财务报告。学术评议会下设执行机构学术委员会，其分设的计划与预算委员会的代表教师就预算中涉及的教学及科研的投入问题向校长进行建议。校长办公室下设预算办公室，负责预算的编制、对执行的决策前分析和监控。财务管理处主要负责学校具体的财务管理，下设风险服务办公室、外部融资办公室、财务管理办公室、采购服务办公室及监督与审计办公室，分管具体业务。这样的管理体制为财务内部控制的高效运作奠定了基础。

（2）风险评估

加州大学设有完善的投资管理机构，包括投资委员会、司库和投资咨询委员会，以实现财务管理的投资职能。为了规避庞大投资带来的投资风险及其他财务风险，加州大学建立了全面风险管理体系：首先，由校长负责和协调校内的整体财务管理计划并购买保险项目；其次，由风险服务办公室具体负责学校面临的各类财务风险的辨识、防范和应对工作；最后，各分校网站都公布了学校风险管理体系的具体内容并定期公开风险评估报告。2011 年，这个体系获得了美国生产力与质量中心颁发的组织战略风险有效管理最佳实践合作奖。2012 年，学校公开的风险评估报告显示由于风险管理而节约的成本总额达到了 561 万美元，学校将其用于提升教职工的福利待遇。加州大学全面风险管理体系在帮助学校降低成本的同时高效地配置其资源，通过提高风险防御能力，保护学校人员的利益。

（3）控制活动

加州大学的财务控制活动是围绕预算展开的。首先，分校根据各自情况划分预算份额；其次，预算办公室向学校董事会提请预算草案审议，董事会下设的财务管理委员会就预算草案广泛听取意见后对其进行调整、审批；再次，董事会审议批准的预算草案再向州议会提请审议，由州议会审批、公布；然后，财务管理处负责预算的解读和实施，并由其下设的各办公室根据预算完成对具体业务的管理；最后，校内由监督与审计办公室对预算进行监督与审计工作，校外任何机构和个人也可以依法提请对预算实施的审计。

（4）信息与沟通

根据美国相关法律，加州大学的财务报告除了需要向社会公布，还得接受政府的审计和议会的质询，以及外部中介专业机构的内部控制专项评估。预算年度的开始，学校要向社会公布未来一年的财务预算。预算年度的结束，学校会聘用中介专业机构对其财务报告进行内部控制审计，并向社会公布。透明的信息与沟通有利于促进财务内部控制的有效运行。

（5）内部监督

加州大学使用的是政府预算资金，有责任对纳税人和预算拨款政府报告学校的运行情况和资金的使用结果，并对此负经济管理责任。为了消除利益相关方的疑虑，加州大学积极实施和配合监督评价，校内监督工作由监察与审计委员会和监督与审计办公室负责展开，它是加州大学财务内部控制的重要组成部分；而校外，任何机构和个人也可以依法提请审计。全方位的内部监督机制让加州大学财务内部控制在动态中不断完善、发展，并在现实中提高了资金使用率，遏制了校园贪污腐败。

2.英国剑桥大学

剑桥大学目前有三十一所学院，且各学院高度自治，但是都遵守统一的剑桥大学章程，是一所誉满全球的世界顶级研究型书院联邦制大学。

（1）内部治理结构

剑桥大学的最高治理机构是评议院，其下设置大学理事会，主要负责每年的财务情况汇报、推荐服务银行、编制和发布年度财务报告等，大学理事会下设计划与资源委员会、财务委员会、风险控制指导委员会和审计委员会。其中，计划资源委员会负责制定、监督学校发展计划并准备学校预算；财务委员会负责对大学和各学院的财务收支情况进行预测及建议，并将其向大学理事会进行汇报；风险控制委员会负责大学的风险识别及管理方面的问题；审计委员会则负责大学内、外部审计的全部工作。

（2）风险评估

剑桥大学十分重视财务风险的控制。风险控制指导委员会会定期提交年度风险分析报告。大学所有的经济业务活动都必须遵守其制定的财务规定，内容包括：财务控制，资源分配合理，授权及职责分离以及详尽的关于资产、采购、收支、合同、投资与融资等方面的财务工作流程，保障了各经济业务的有序进行。另外，大学对经费使用的范围及超支等方面也有严格管理制度。这些都使学校的财务风险得到了有效的监督和控制。

（3）控制活动

剑桥大学对于预算的编制和执行的规定相当严格。计划资源委员会负责准备学校预算草案，计划与资源分配办公室则根据该草案编制大学的年度财务预算，并帮助各学院制定其计划与资源分配预算。

（4）信息与沟通

剑桥大学每年都会发布经过执业会计师审计后的财务报告及声明，其中包括大学整体范围的内部控制情况、财务收支报表、盈亏声明、现金流和独立审计员声明等。这些财务报告及声明会放到大学的公开网站，便于校内外对大学财务信息的查询和监督。

（5）内部监督

出于风险管理及控制的原因，英国所有大学都被要求进行财务内部审计。剑桥大学的审计委员会对大学的内部会计控制及其他控制制度进行审核，研究内外部的审计报告，并采取适当措施监督其审计建议。

（二）国外高校财务内部控制对我国的启示

内部控制理论在西方起源较早，所以其各方面的发展也比较完善。在了解了国内外大学具体的财务内部控制情况以后，可以得到以下启示。

1. 完善的控制环境是高校财务内部控制顺利运行的基础

这里所说的控制环境包括外部环境和内部环境。而外部环境中一个重要的部分即法律环境，国外大学财务内部控制的外部法律环境相对国内更为完善，这为其顺利地运行提供了必要和充分的依据，为高校根据自身的具体情况制定适合自己的财务内部控制制度提供了明确的指导，且具有实际操作意义。再从内部环境来看，首先，国外大学财务部门的职能范围更全面，除了涉及一般的会计核算以外，还包括投融资、风险管理、财务审计等方面的业务，这样的设置更有利于高校财务部门进行管理，为高校日益多元化的经济业务提供专业保障。其次，国外大学财务部门人员普遍重视内部控制，这样保障了其岗位价值的有效实现，使学校财务内部控制决策与实施更为科学。最后，国外大学内部治理结构的制衡性较强，这是高校财务内部控制制度有效发挥作用的基础和前提，否则再健全的财务内部控制制度也难以实现预期控制目标。

2. 风险评估是高校财务内部控制的重要组成部分

风险是组织自身固有的属性，伴随着经济的发展、国际化的加速以及金融的创新，风险在高校的发展过程中不可避免，其内容也越来越复杂。所以，高校必须形成风险评估的意识，积极地辨识风险、有效地防范风险和妥善地应对风险。国外高校在风险评估方面较国内高校更重视，且其制度更健全，这有效地弥补了高校财务内部控制的不足，有效的风险评估为高校管理者实现高校各管理目标提供了保证。

3. 预算管理是高校财务内部控制活动的核心

预算管理是一种能对高校其他业务活动进行有效控制的管理活动，是高校财务内部控制活动的核心。对于高校财务内部控制来说，预算管理有以下几方面的作用：

（1）利于高校财务内部控制的环境控制

预算管理工作不仅仅针对高校的资金收支情况进行管理，还是对高校人员实施预算的一种规范、监督和激励。所以有效的预算管理有利于从人员管理的角度营造优良的高校财务内部控制环境。

（2）有利于高校财务内部控制的风险评估

预算工作是对高校经济活动的全面考虑，在其编制过程中就对高校经济活动可能面临的风险予以了评估，在其执行、纠正的过程中更是对高校经济活动可能面临和已经发生的风险进行了有效的防范和应对。

（3）有利于高校财务内部控制的经济活动控制

高校的各经济活动均根据预算来开展实施，而预算工作通过对各经济活动事前的估计、事中的约束和事后的评价来保证其符合高校经营管理的目标，所以说有效的预算管理有利于高校财务内部控制的经济活动控制。

（4）有利于高校财务内部控制的信息与沟通

预算工作不是高校财务部门或预算部门能够独立完成的工作，它需要高校其他部门的协助配合，需要高校全体人员的积极参与，预算工作的编制、执行和评估过程中都促进各部门及其人员的信息传递与有效沟通。

（5）有利于高校财务内部控制的管理目标的实现

预算工作的其中一个主要目的就是围绕高校的管理目标，对高校未来一年的资金做出具体的分配。它重点通过对高校经济活动预算执行情况的约束来使其最终实现高校经营管理的目标。

（6）有利于高校财务内部控制的评价标准的制定

预算工作的另一个目的在于迫使高校全员根据既定的计划进行各经济业务，并提供可以与实际结果进行比较的标准，以便评估高校人员的绩效，激励高校人员提高工作效率。综上所述，并鉴于国外大学预算管理的经验，我国高校财务内部控制的活动也应以此为核心加以强化。

4. 信息与沟通是高校财务内部控制的重要保障

有效的信息与沟通能保障高校财务内部控制的意识和指导思想在高校全员中的传播与覆盖，能保障高校全员对高校财务内部控制方式方法的了解，能保障高校内外对高校财务内部控制的监督，减少校园贪腐。

5. 内部监督促进高校财务内部控制的完善

内部监督是通过各种手段对高校财务内部控制的内容进行监督与评价，并使高校财务内部控制最终实现其控制的目标。通过内部监督，我们可以知道财务内部控制的行为是否有效，并根据得到的结论采取进一步的措施促进其完善。国外大学财务信息公开的程度更高、范围更大，使得各经济业务的执行情况和执行结果能更真实地展现在公众面前，有利于公众对高校财务内部控制效果的监督，也有利于防范高校校园贪腐的情况发生。

第二节　高校后勤财务内部控制体系构建

一、高校后勤的管理模式

2000 年 1 月，国务院办公厅转发了教育部等六部委《关于进一步加快高等学校后勤社会化改革的意见》，对改革的指导思想和原则、目标和步骤、重点和办法等都做了明确规定，是高等学校后勤社会化改革的指导性文件，标志着国家主导的高校后勤社会化改革全面展开。

（一）高校后勤工作管理模式

高校后勤社会化改革的一项重要举措就是引入企业化管理，引进市场机制，实施绩效分配。这种措施反映了高校后勤改革是以市场为导向的基本特点，符合其发展规律和各方需要。目前高校的后勤管理模式主要有以下几种形式。

1. 社会化管理模式

社会化管理模式是在依托高校母体的前提下，将高校后勤实体（集团）服务的基础设施、管理运作、生活服务项目等均交给社会承担，从而形成新的后勤服务经济实体，后勤人事用工制度、分配制度和运行机制等都发生了根本变化。此外，高校后勤的基础设施建设、大型设备添置仍由政府和学校负责，小型设备更替及新雇佣员工的工资待遇则由高校后勤（集团）公司或后勤经济实体承担。每个实体都将按不同情况实行企业自主经营、自负盈亏、独立核算，从管理资产体制及劳动用工制度等方面全面改变现行的管理运行机制。

2. 社会和高校合作型模式

社会和高校合作型模式是指学校与社会携手来办高校后勤，由高校后勤与政府或社会第三产业联系，吸引社会力量参与，让社会参与高校后勤服务工作，高校选择社会服务行业，采取联合建设、联合办理的形式。

3. 校际联合模式

高校校际间联合办后勤有两种可行操作方式：一是由几所高校联合组成后勤控股联盟公司，形成后勤服务网络，为各高校提供后勤服务。二是彻底打破原有各高校办后勤的格局，重新组建高校后勤服务力量，建立独立于高校之外的后勤专业公司，面向各个高校服务。校际联合模式要求各高校之间打破封闭体制，打破"围墙",按照市场统筹,项目分组,统一结算,按股赢利分红的经营思想,利用社会上丰富充足的商品资源和高校较大的生活消费市场,学校之间加强联合,组织高校间专项配货经营,提升采购上的规模效益。

4.服务实体独立模式

高校后勤服务实体独立模式是特指由教育部门牵头,联合组建高校后勤服务实体或由高校本身单独成立后勤集团,采取实体并入、联办、托管、独立、连锁等方式,使各高校后勤部门与学校行政队伍分离,成为独立经济实体。这种服务实体模式将后勤和产业集团合二为一,融合高校后勤和产业两大资源,成立具有独立法人资格、企业性质的经济实体。这样的学院重新配置了学校资源并进行综合利用,进行了高校后勤一系列改革。由于各个高校的改革基础不同,改革的力度与措施也存在较大差异,在推进改革的过程中,要坚持"因地、因校、因事制宜"的多元化改革模式,在基本改革原则确定,基本方向与最终目标一致的前提下,各个学校应根据自己的情况大胆探索,积极创新。实践证明,高校后勤体制改革有利于提高服务质量和管理水平,减轻学校和学生负担,降低服务成本,提高办学效益。

(二)高校后勤财务工作管理模式

高校后勤财务工作要适应其整体工作需要,其根本特征是:要与高校后勤管理模式相适应,以促进高校后勤实体的可持续发展。目前中国高校后勤财务工作的管理模式主要有两种形式。

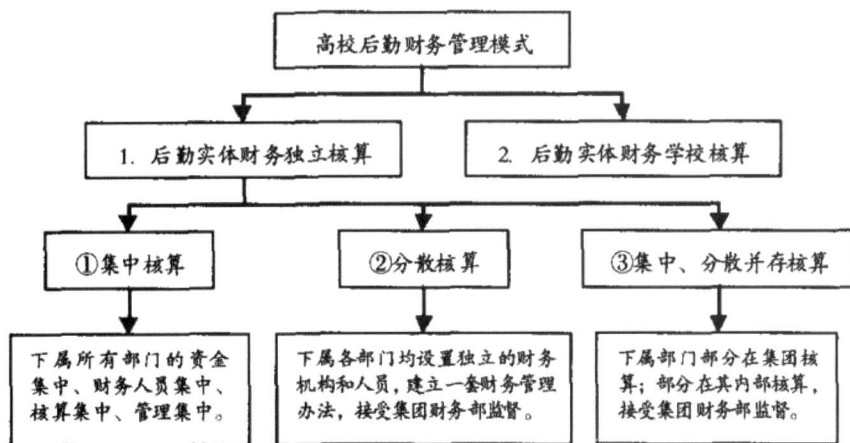

图4-1 高校后勤财务管理模式

一种是其自身独立核算,一种是在学校财务处核算。随着后勤社会化改革的不断发展,后勤实体独立核算又逐步衍生出如图4-1中的核算模式。目前多数高校采用后勤实体财务独立核算模式，这种模式更适应于社会的外部环境。另一部分高校仍采用原有后勤的核算模式，虽然体制变了，管理模式变了，但其财务核算形式未变，存在一定的弊端。高校后勤财务管理模式要因地、因校形成适应后勤实体自身发展的财务管理模式。

二、影响高校后勤财务内控的因素

（一）高校后勤改革模式及财务管理的现状

随着高教事业的迅猛发展，高校后勤社会化改革可以说是高等教育领域的一项重大改革。从最早以政府为主导的后勤社会化改革到当前各省各校深层次的内涵式改革，高校后勤改革整体还处于各自探索，多种模式并存的状态，尚未形成统一模式。

1. 高校后勤财务现状及问题

高校后勤社会化改革，后勤实体推行准企业化管理，只注重自身利益，忽略高校整体利益，不是采用与集团相适应的企业会计核算制度，而是完全采用事业单位会计核算制度，或者采用对集团有利的多种混合的核算制度，不能客观反映集团的经营效益，不同程度地存在着会计信息失真的情况。

（1）财务核算体系不完善

高校后勤经营实体一直没有统一的行业财务管理办法，财务人员对实际工作中各类问题的理解存在偏差，形成的核算方法不尽相同，加上高校后勤对一些特殊问题的处理不能形成统一意见，直接影响财务核算及财务信息的真实有效性。

（2）财务成本管理不健全

高校后勤财务管理工作因受原事业体制不注重成本管理的影响，成本控制意识相对淡薄，缺乏一定的成本约束机制，在整个经营过程中难以健全成本管理机制、完善成本监督体系。最终导致后勤实体企业和单位产品及服务成本不真实，造成管理效益低下，表现为经济资源不能合理配置。

（3）财务分析滞后

现代财务管理不是简单的记录与核算，作为高校财务管理人员，更重要的是通过记录与核算所反映的数据，采用科学的分析方法，为企业经营管理者提供全面的、有效的财务信息和决策依据。目前高校后勤财务管理部门财务分析滞后，甚至缺乏分析，造成财务管理难以在后勤经营管理发展中发挥其重要的作用。

（4）财务资金控制不到位

高校后勤在资金的管理上缺乏有效的监督和约束。管理措施不得力，制度落实不到位，资金投向不合理，利用效率低，甚至出现重复性投资而造成滥用资金等现象。高校后勤财务管理应该充分发挥资金流动性强、容易增值等财务资金优点来进一步创造经济效益。

（5）财会人员的业务素质有待提高

高校后勤财务管理队伍整体素质不高，业务水平有待加强。实际工作表现为主观能动性不强，法制观念淡薄，缺乏原则性，削弱了财务管理的严肃性，使高校后勤应有的财务管理与核算职能得不到充分有效地发挥。

2.高校后勤绩效审计的现状

高校后勤绩效审计是通过对各实体资源占用、消耗与业绩的综合分析，衡量后勤管理服务和经营服务各方面的经济性、效率性、效果性。

（1）高校后勤绩效审计意识淡薄

高校管理层对后勤绩效审计还没有引起足够的重视。

（2）高校后勤缺乏绩效审计评价体系和标准

审计评价体系和标准是审计人员评价后勤集团经营和管理的合理性、经济性、有效性等方面的客观尺度。

（3）高校后勤缺乏绩效审计力量

目前内部审计机构大部分是财务人员和工程造价审计人员，缺乏精通绩效审计人员和技术。

（二）财务内控在高校后勤管理中的特点

高校后勤具有公共管理服务与经营服务的综合职能，其组织结构一般包括管理服务实体和经营服务实体两个部分。高校后勤与一般企业的活动和目标差别很大，决定了高校后勤绩效审计的特点。

1.审计指标体系的多样性和标准的模糊性

高校后勤为广大师生创造良好的学习、工作和生活条件，其各个实体的目标具有多元性，绝不是简单地以省心、省钱为目的，而应兼顾社会效益和经济效益。管理服务实体基本职能是对学校公共事务进行管理，基本特征就是公共性，这是管理服务实体绩效与经营服务实体绩效最大的不同；管理服务实体的产出多是无形的服务，难以量化评估，这是绩效审计面临的最大难题。

2.审计内容包含对管理服务和经营服务两系统的审计

管理服务系统绩效审计倾向于评价高校后勤实体各项管理职能如组织形式、

管理决策、目标与计划、内部控制等，找出后勤管理工作的薄弱环节，提高管理人员的素质、管理水平和管理效率，进而提高经济效益。经营服务系统的绩效审计是评价高校后勤人财物等资源利用的合理性、经济性、有效性，促进后勤改进资源配置与经营管理，谋求最大限度的经济效益。

（三）影响高校后勤财务内控的因素分析

1.影响高校后勤财务内控的主要原因

当前高校后勤内部控制存在的问题，是众多原因共同作用产生的，极大地影响了高校后勤的健康发展。企业内部控制体系的建立，应重点体现在环境控制和财务控制两个方面。高校内部控制治理结构不完善，对内部控制存在认识偏差和缺乏有效的内部控制体制安排等是导致高校后勤内部控制问题的重要原因。

（1）产权不明晰，管理形式复杂

现代企业制度的实质是以企业所有权与经营管理权相分离、经营管理权与监督权相互制衡为特点的一种相互制约、相互依存的制度。按高校后勤社会化的思路，高校后勤管理必须与市场接轨。按企业制度的要求，高校后勤必须做到产权明晰、权责明确、政企分开和科学管理，后勤实体必须成为一个具有独立法人，能够独立会计核算、自主经营、自负盈亏的经济组织。然而，很多高校并没有真正的从高校母体中脱离出来，造成了后勤资产的产权（所有权、经营权、处置权、收益权）不明晰。学校对后勤经营者奖惩不清，后勤工作人员积极性不高。学校与后勤只在名称上变换，没有真正意义上的独立。后勤组织使用的资产基本上都是学校在长期办学过程中逐步积累的存量资产。后勤自购资产与学校其他资产交织在一起难以划分，很多资产有物无账或有账无物，没有专人、专职的管理机构，为内部控制中对后勤资产清查、评估、划拨等带来了很大的障碍。

（2）对内部会计控制认识偏差，缺乏内部控制环境

高校后勤负责人多从学校机关转岗过来，重经营、轻管理，一些后勤管理者缺乏内部会计控制管理理念，对企业内部会计控制建设认识不足、重视不够，忽视内部控制制度的建立和实施；部分高校后勤没有按财政部的《内部会计控制规范》建立健全内部会计控制制度，有的虽然建立内控会计制度但很不健全，如仅制定了货币资金、实物资产方面的内部会计控制制度，而忽略了采购、销售、工程等方面的内部控制；或者没有严格进行授权控制和对不相容岗位进行分离；有的即使制定了较为全面的内部控制制度，但仅仅"印在纸上，挂在墙上"而不执行、难落实，使内部会计控制制度失去应有的刚性和严肃性。

（3）财务管理制度不完善，缺乏有效的财务内控体制

财务管理制度不统一、不完善，各个高校或者同一高校的各个后勤单位财务管理不同程度地存在各行其是的现象。高校后勤财务管理制度不统一、不完善主要表现在：由主管部门组织制定、各个高校的后勤财务管理都必须共同执行或遵守的一些财务管理制度（比如后勤会计核算制度等）至今仍然未能统一制定，致使各个高校在处理后勤的一些同类财务管理事项时无"法"可依，各行其是，从而造成各个高校之间后勤财务信息可比性差，甚至严重失真，使教育主管部门对高校后勤的业务指导和行业管理失去了可靠的信息基础。此外，由各个高校统一制定、校内各个后勤部门的财务管理必须共同执行和遵守的一些财务管理制度（比如资产管理制度、薪酬管理制度等），有的高校也未严格执行，致使同一个高校内部不同的后勤部门之间在处理一些同类的财务管理事项时各自为政，因人而异，因时而异，因势而异，从而滋生了一些不规范，甚至违法乱纪的行为和事件，不仅给后勤财务管理造成了困难，而且也给学校的财产造成了损失，是导致高校后勤财务内控问题的重要原因之一。

（4）资产的安全性控制较薄弱，缺乏对风险的控制

虽然高校后勤在货币资金、实物资产方面的内部会计控制总体做得较好，但是，资金和资产的安全管理尚存在一些隐患。如今仍有部分高校后勤的银行对账工作和银行余额调节表由出纳兼任。主要是会计人员的职责权限设置不当，不相容岗位没有分离看出来的，造成资金安全隐患。一些高校后勤企业在存货、固定资产和工程物资方面没有进行严格管理。存货、固定资产和工程物资采购、验收、保管、付款等职责未严格分离，其出入库未按规定程序办理，还有部分后勤未定期进行固定资产盘点，也未及时与会计记录核对，没有真正使"账实、账卡、账账"相符。对多年来资产的短缺、积压、毁损、报废等不及时处理，造成资产不清、债务不实，等等。随着高校后勤社会化的进一步深入，高校后勤的经营风险可能逐步增大并更具有不确定性，应该建立可以辨认、分析和管理风险的机制，来规避风险。目前高校后勤缺乏这种风险管理机制，对外投资、筹资、资产处置、资金调度等重要经济事项的集体决策机制尚未有效形成。

（5）行业跨度大及经营、管理双重性，成本控制亟待加强

高校后勤工作涉及多项服务行业，有物业管理、建筑维修、园林绿化、汽车运输、餐饮业等，每一行都有自己的规则，管理要求也相对更高，内部会计控制难度也相应增大。高校后勤服务对象的特殊性，决定了高校后勤通过节约成本来

提高经济效益，因此，经营的成本控制显得尤为重要，事实上，高校后勤在成本控制方面较薄弱，较多后勤未制定成本预算，还有一部分后勤没有制定主要成本的标准、差异控制及考核办法或未落实奖罚措施；有些后勤的成本核算不规范。如在餐饮材料成本计算上，大多数的后勤采用实地盘存法，永续盘存法仅占很小比例。成本核算不实、控制不严导致经营成本居高不下，浪费严重。另外，部分后勤未建立内部审计机构，或审计机构对后勤缺乏监督，或因审计人员缺乏、内部审计制度不健全、业务不规范，内部监督作用未能充分发挥，致使企业财务信息的真实性和可信度大打折扣。

2. 完善高校后勤财务内控的对策

对于高校后勤实施的内部控制，设置多个互相牵制的岗位，起到互相监督与互相制约的目的。通过制定相关的内部控制制度，达到保护国有资产、防止舞弊、减少差错的目的，提高会计及其他业务资料和报告的正确性和可靠性，达到提高各方面活动的经营效率与经济效益的目的。

（1）重视对行为主体"人"的控制，选好控制制度执行者

单位负责人的思想认识、道德水平和综合素质是内部会计控制的关键，再完善的法律法规也只能提供一个框架，如果企业内部出现领导滥用职权、串通舞弊等情况，内部会计控制的实际效果就会大打折扣。提高全体员工思想道德和业务素质，是有效实施内部会计控制的组织保证。具体来讲，高校后勤应加强对管理者和员工的培训，实行科学的聘用、培训、轮岗、考评、晋升、淘汰等人事管理制度，确保公司员工具备正直、诚实、公正、廉洁的品质与应有的专业能力。首先要加强对管理人员的教育，使其认识到自己是保证会计信息的真实、完整的第一责任人，从而加强自我约束；其次，要加强会计人员职业道德教育和业务培训。职业道德教育要从正反两方面加强对会计人员的法纪政纪、反腐倡廉等方面的教育，增强会计人员自我约束能力，使其自觉执行各项法律法规，遵守财经纪律，做到奉公守法、廉洁自律；加强对会计人员的继续教育，组织会计人员参加多种形式的会计业务培训，使其掌握新知识、新技能，以提高专业技术水平。

（2）健全内部会计控制制度，将控制面与控制点有机结合

内部会计控制的主要形式是制度控制。高校后勤应根据财政部《内部会计控制规范》的要求，结合自己的实际状况，建立并完善内部会计控制制度，实现各级控制主体及经济行为的规范化和标准化，以达到内部会计控制的目的。内部会计控制制度按对象划分为：货币资金控制制度、实物资产控制制度、对外投资

控制制度、工程项目控制制度、采购与付款控制制度、销售与收款控制制度、成本费用控制制度、筹资控制制度等。这些制度既可单立又可根据所涵盖的内容，细分为若干具体制度，从而构成完整的内部会计控制制度体系。高校后勤财务管理的总体目标应该确定为服务最优化和耗费最小化，在为学校的教学、科研活动和师生员工的生活提供优质服务的同时，使各种资源的耗费尽量达到最小。高校后勤财务管理的分部目标和具体目标应该根据各个业务分部和具体业务来加以确定，在服务最优化和耗费最小化这个总体目标的基础上进一步明细化、具体化。

（3）坚持适当的授权批准控制与不相容职务的分离控制

坚持适当的授权批准控制与不相容岗位的分离控制是内部会计控制的两大法则。高校后勤一方面要明确规定涉及经济业务及相关工作的授权批准的方式、范围、权限、程序、责任等内容，内部的各级管理层必须在授权范围内行使职权和承担责任。对于审批人超越授权范围的业务，经办人有权拒绝办理，并向上级主管部门报告。另一方面，高校后勤要按照不相容职务相分离的原则，合理设置会计及相关工作岗位，明确职责权限，形成相互制衡。因此，在处理经济业务时，要使每项经济业务至少两个人或两个部门参与，这样就能用一个人的工作去证实另一个人的工作的准确性。只要有关人员之间没有串通，差错和舞弊就可能被发现。如出纳人员不能兼任会计、档案保管，不能登记往来账等。

（4）加强财产保全与经营风险控制，建立经济业务流程环节

加强后勤的实物资产管理是企业内部会计控制的一项重要内容。高校后勤企业一方面应限制未经授权的人员对财产的直接接触，采取定期盘点、财产记录、账实核对、财产保险等措施，确保各种财产安全完整。具体包括：建立严格的入库、出库手续；建立安全、科学的保管制度；财产物资盘存要实行永续盘存制，随时在账上反映出结存额；建立完善财产清查制度，及时处理发现的问题。另一方面高校后勤应在经营过程中加强风险评估和风险管理，对于物资采购、资产处置等重大经济事项应进行市场调查研究，实行集体审议联签制度，防止重大决策失误和不讲科学的个人专断。

（5）加大后勤内外监督力度，发挥绩效审计评价作用

要加强高校后勤企业内外部的审计监督，学校的审计部门应重视对后勤的大宗物资采购、工程招标等重要经济事项的审计和负责人离任的审计；此外，还要利用财税、会计师事务所等部门对后勤进行监督，后勤的年度会计报表必须经注册会计师审计等。高校后勤工作的绩效审计，是高校内部审计工作的一个重要组

成部分，是高校内部审计工作的"先行"与尝试，是一项重大的改革举措。这项工作的开展有利于高校后勤加强管理，全面提升服务质量，积极推进后勤改革和内部控制工作，提升后勤的核心竞争力，也有利于高校后勤和教学基层单位的平衡。

（6）建立有效的激励机制，完善内部财务控制评价体系

高校后勤企业一方面要加强对员工特别是会计业务相关人员的激励，对于严格执行内部会计控制制度的，给予精神鼓励和物质奖励；对于违规违章的，要给予行政处分和经济处罚，并与年度考核和职务升降挂钩。另一方面应建立和完善其内部会计控制评价体系，企业定期对内部会计控制的执行情况进行检查与考核，了解企业内部会计控制是否得到有效遵循，执行中有何成绩，出现了什么问题，为什么某项内部会计控制制度不能执行或不完全执行。根据情况的变化和出现的问题对相应的内部会计控制制度作出及时修正，只有这样，才能不断完善内部会计控制体系，才能实现内部控制的目标。

三、高校后勤财务内部控制体系的构建

高校后勤要不断加强财务管理的规范化建设和内控制度建设，加强高校后勤财务内部控制具有重要意义。

（一）内部控制体系的框架构建

根据 COSO 内部控制框架和内部控制制度，企业内部会计控制是企业加强内控管理的一项重要措施和手段。而中国高校后勤现在运行的管理模式，普遍引入企业化管理，基于这样的实际情况，设计了一种基于企业化管理的高校后勤的财务内部控制体系，其整体框架如图 4-2 所示。该框架构建的根本依据是中国内部会计控制规范。图中八种内部控制，基本涵盖了高校后勤财务工作的各个方面，各类控制仍可继续拓展为多项财务内部控制。八种内部控制在整个内部控制框架中相辅相成，其控制的落脚点即是相应的财务控制活动控制方法及控制内容的规章制度。

（二）内部控制体系的具体架构

1. 会计制度控制

高校后勤要在明确会计核算政策及会计科目设置的基础上，建立一套完善的会计制度体系。后勤要从其实际管理要求出发，根据其自身的后勤管理模式，确定所要执行的会计政策。后勤要依据会计政策，在执行国家统一的会计制度和会

计准则的基础上，根据服务、经营以及管理需求，设置一套适合自身特点的会计科目体系，统一明细科目，这样有利于加强会计资料的汇总、控制和监督检查。会计制度的设计要符合内部会计控制规范,高校后勤实体可结合本单位特点制定，如《大学后勤内部会计控制制度》这样的内部会计控制制度。

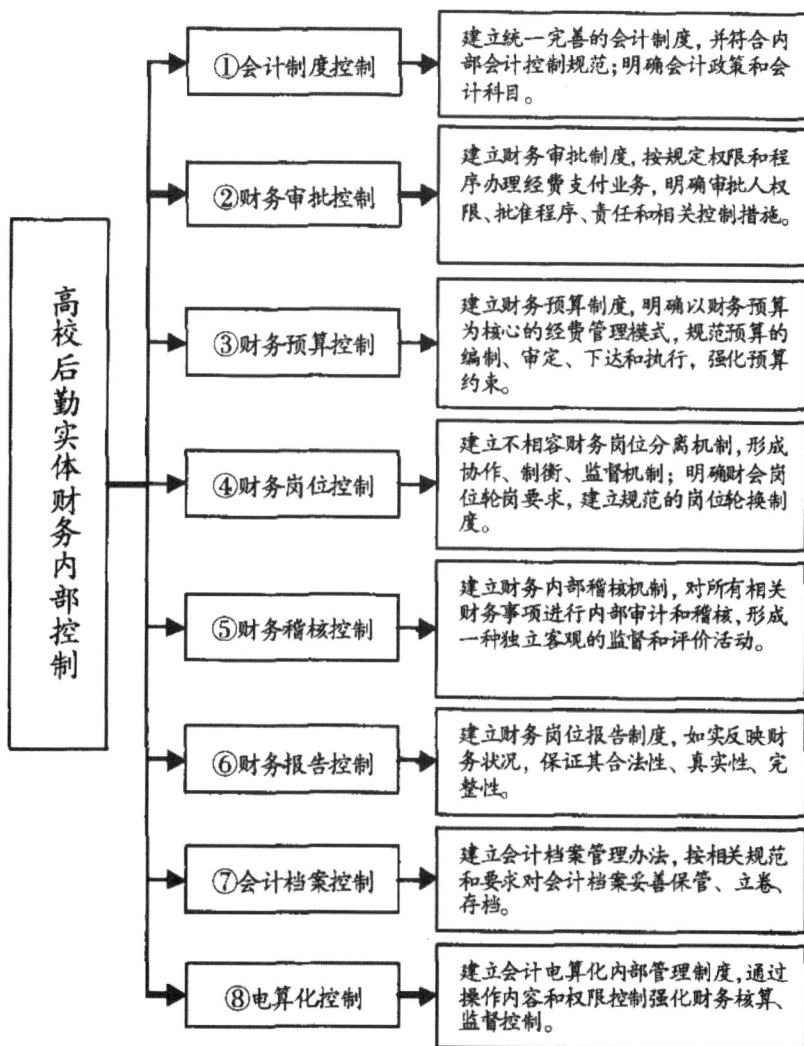

图 4-2　高校后勤财务内部控制体系框图

2.财务审批控制

财务审批控制，主要是以经费支付审批为核心控制措施，实质是控制经费流出口。高校后勤要建立一套完善的财务审批制度，按规定权限和程序办理经费支付业务，明确相关审批权限、程序、责任和相关控制措施。财务审批控制要求后勤的各个部门、相关岗位按照规定的授权和程序，对经济事项和经济业务的真实性、合法性、合理性以及有关资料的完整性进行复核和审查，通过签署意见，作出批准、不予批准或作其他处理的决定。后勤的各级管理人员必须在审批权限内行使职权和承担责任，业务经办人员必须在授权范围内办理业务。对于重大后勤经济业务和经济事项，应当实行集体决策审批，任何个人不得单独进行决策或者擅自改变集体决策结果。高校后勤财务审批控制架构如图 4-3 所示。

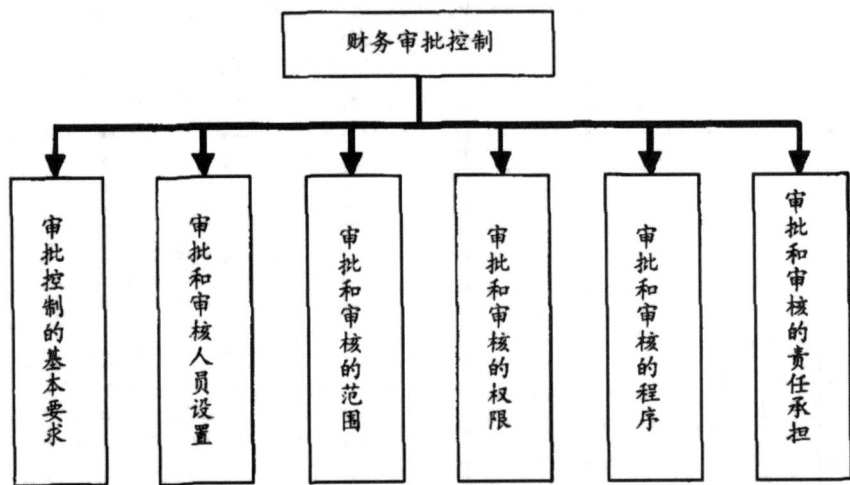

图 4-3　高校后勤财务审批控制框图

　　高校后勤可按照两种思路制定相应的审批制度。一是按审批人层级审批，层级由上至下，每一层级都要明确其可审批的经济事项、经费额度及相关审批权限。二是按单类经济事项审批，每一类经济事项或单项具体的经济事项都需由一定层级的人员进行审批，并明确审批人及审批额度。在经费审批控制上，要注重强调内部各部门和相关主管领导在各自权限范围内的经济业务经办、验收、审批及单位内各级财务人员按授权进行的财务审批，从而在高校后勤内部形成相互制约的控制机制，避免审批和审核流于形式，以保证其财产的安全和完整。

　　3. 财务预算控制

　　高校后勤的预算管理是后勤财务工作的一项薄弱环节，后勤要建立财务预算管理体系，明确以财务预算为核心的经费管理模式，不断加强资金的可控性管理，提高资金使用效益，降低资金使用风险。高校后勤实体要建立预算组织机构，明确预算指标，并制定科学合理的预算控制制度。预算控制是保障预算实现的有效措施，预算控制能否实现预定的目标，取决于是否有健全的预算控制制度的支撑，后勤实体应积极推进预算管理体系建设，利用预算对内部各部门的经济资源进行分配、考核、控制，以便有效组织和协调其服务、经营活动，实现既定的目标。

4. 财务岗位控制

高校后勤的财务岗位控制是财务内部控制的主要措施之一，旨在加强会计岗位设置和管理，加强内部控制。通过财务岗位控制，避免可能发生的差错和舞弊行为，起到内部牵制作用。财务岗位控制要求相关的经济业务要经过两个或两个以上的部门或人员处理，使得个人或单一部门的工作必须与其他人或部门的工作相配合，并相互监督和制约，形成各司其职、各尽其责的工作机制。财务岗位控制的基本原则就是"不相容职务分离控制"，其控制核心是"内部牵制"。高校后勤实体岗位控制体系如图4-4所示。

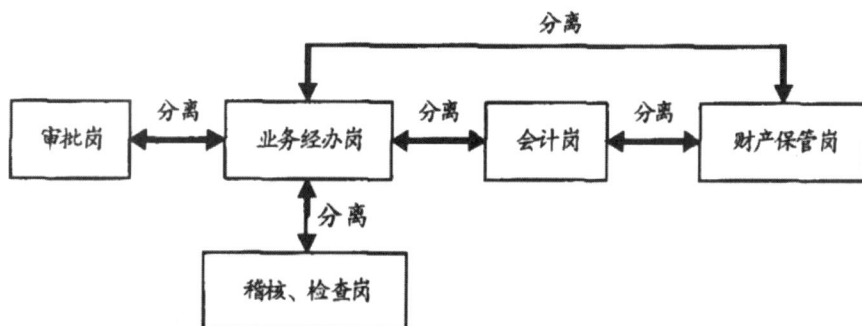

图4-4　高校后勤岗位控制体系框图

对财务方面相关的岗位控制，高校后勤可依据上述内容，并结合本单位工作实际，设计如图4-5所示的财务岗位控制体系。高校后勤还有很多经济事项，如采购、存货、对外经济合作、工程、固定资产、经济合同等都会涉及财务岗位的分离控制。财务岗位控制的另一重要措施就是建立规范的岗位轮换制度，对于关键的财务岗位在规定的期限内进行岗位轮换，防范并及时发现履职过程中可能存在的重要风险，以强化职责分工控制的有效性。

5. 财务稽核控制

单位内部财务稽核是为了保护其资产的安全、完整，保证其经营活动符合国家法律、法规和内部有关管理制度，提高经营管理水平，而在其内部实施的相互制约、相互监督的制度和方法。目前，高校后勤的多数财务机构还处于中小规模，这给后勤内部的财务稽核工作带来了一定困难。但高校后勤不应忽视财务稽核部门和财务稽核岗的设置，设置财务稽核岗和建立稽核制度是财务稽核控制的基础。财务稽核控制要充分发挥其管理、监督、审计职能，对于有条件的高校后勤实体，可根据会计信息化系统的实际应用情况，创建局域网稽核，以提高财务稽核控制的工作效率和稽核质量。高校后勤财务岗位控制体系如图4-5所示。

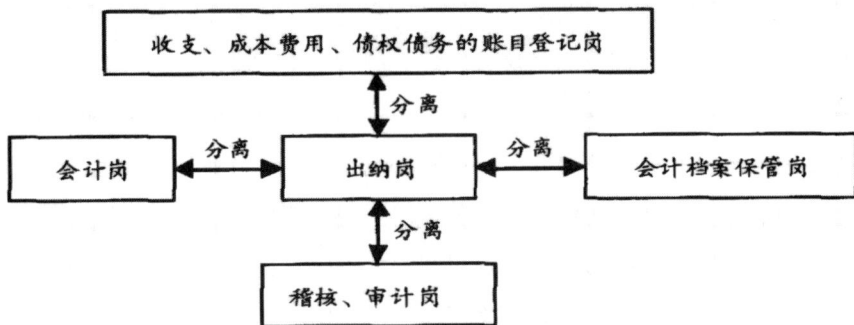

图 4-5　高校后勤财务岗位控制体系框图

6. 财务报告控制

财务报告控制是高校后勤财务内部控制的一项极为重要的内容。在高校后勤的财务管理工作中，建立财务岗位工作报告制度，有利于促进学校后勤财务工作的规范化、制度化、程序化；有利于强化财务岗位要求，明确财务岗位职责；有利于实时反映高校后勤整体财务运行状况；有利于及时提供财务决策，确保财会信息的真实性、合法性、准确性。高校后勤财务报告可设计成多样式的财务事项工作报告，便于管理者对财务事项加以控制。

7. 会计档案控制

会计档案应在两个方面建立相应的控制：一是传统意义的会计档案，即纸质会计档案；二是电算化管理的电子会计档案。高校后勤应基于以上内容，并按相关规范和要求，对会计档案进行妥善保管、有序存放，严防损毁。后勤会计档案控制主要由会计档案制度支撑，如图 4-6 所示。目前，多数高校后勤执行的会计档案管理办法是学校或者后勤自行制定的会计档案制度，在相应的制度中对会计档案的规范化管理有着明确的规定，而在会计档案的保管、使用方面也在不断强化内部控制。随着社会外部环境以及高校自身环境的变化，会计档案控制的信息化要求更加突出，在进行电子会计档案控制中，要对财务系统的备份数据、后台程序、数据编码及开发过程等予以严格控制，并制定完善、严密的会计档案控制制度。

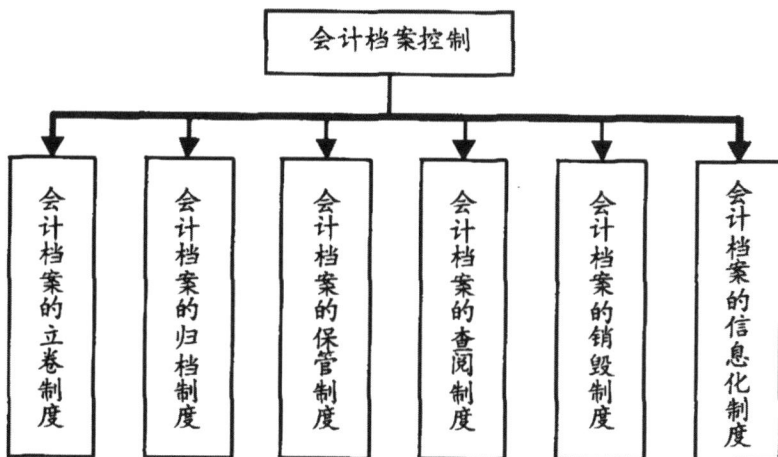

图 4-6　高校后勤会计档案制度框图

8. 信息化控制

高校后勤应根据《会计电算化管理办法》《会计核算软件基本功能规范》《会计电算化工作规范》等相关规定，建立和完善会计信息化内部控制制度。信息化控制既要加强对财务软件的系统开发、维护人员的控制，还要加强对数据输入、输出、保存等有关人员的控制，确保信息化系统及局域网的安全。控制就是为了安全，在会计信息化系统中，账务处理的安全性最为重要。为保证财务数据的安全和保密性，必须将财务人员对系统的操作和数据使用权限进行分配。财务部门要设立信息化系统主管岗位，以便对系统进行管理，对操作人员进行权限分配。在权限分配时，应分清业务范围，明确岗位职责，禁止无关人员操作，以保证系统安全可靠运行。

第五章　新时期高校财务审计工作研究

第一节　财务审计工作概述

一、财务审计的产生与发展

审计，作为一种经济监督活动，自从有了社会经济管理活动，就在一定意义上存在了。所不同的是，在社会发展的各个时期，由于生产力发展水平不同，社会经济管理方式不同，审计的广度、深度和形式也各不相同。会计中需要审核稽查的因素，并非审计产生的根本原因，审计是因授权管理经济活动的需要而产生，受托经济责任关系，才是审计产生的真正基础。

（一）审计的产生与发展

1. 维系委托经济责任关系是审计产生和发展的基础

随着社会的发展和生产规模的日益扩大，资本主义社会出现了以股份公司为主要形式的生产经营组织形式。股东对公司的财产拥有所有权但并不直接参与企业生产经营管理，而是委托经理代行管理的职能，这时，财产的所有权与经营管理权日益分离。公司管理人员对股东的委托经济责任大大加强，管理人员要以报表形式定期向股东汇报公司的经营情况和财务成果，这些会计报表是否真实、准确，能否证明管理人员尽忠守职，是否切实履行了他所承担的经济责任，更需要作为第三方的审计人员来进行审查，以保证股东和债权人的正当利益不受侵犯，这时民间审计便应运而生。

按照审计关系人理论，审计行为的发生必须有审计人、被审计人和审计委托人或授权人三方面关系人，他们依次为第一关系人、第二关系人和第三关系人。其中，审计人是第一关系人，作为被审计人的第二关系人是财产的受托经管者；第三关系人即为财产的所有者。

2. 加强经济管理和控制是审计发展的动力

早期的、传统的审计，只局限于审查账目和报表，通常称为财务审计，其目的仅仅在于检查、揭露差错和弊端。但是随着企业规模的扩大，生产的发展，管理方法和技术日趋复杂，对企业生产经营管理和控制也就更加重要。现代审计的目的，不仅在于审查账目和报表，而且还包括评价企业的生产经营管理，并及时提出积极、合理的建议。这是随着经济管理和控制加强的需要而出现的重要内容。

事前审计、经营审计等都是财务审计适应上述需要而发展起来的。

3. 现代科学管理为审计的发展提供了方法和手段

现代科学管理为现代审计的发展提供了方法和手段，这不但表现为审计领域的不断扩展，还表现为审计方法的不断发展。如财务审计经常使用统计抽样法，经济效益审计广泛采用现代管理方法和数学方法及有关预测、决策及分析方法等。同时，在审计的过程中，运用系统论、信息论、控制论等原理对审计事项进行总体的全面验证和综合分析，使审计结论向着更加精确、可靠和卓有成效的方向发展。特别是计算机应用于管理和会计系统，使传统的手工数据处理转变为电算化数据处理系统后，审计的对象发生了重大变化，对电子数据处理系统的审计方法的研究，形成了一门会计、审计和计算机交叉的边缘学科——电子数据处理系统审计。

（二）我国审计的产生与发展

我国"审计"一词最早见于《宋史》，从词义上解释，"审"为审查，"计"为会计账目，审计就是审查会计账目。由此可见，早期的审计就是审查会计账目，与会计账目密切相关。

进入 20 世纪以来，随着民族工商业的发展，我国民间审计应运而生。北洋政府 1918 年颁布了《会计师暂行章程》，1921 年在上海开始设立会计师事务所，接受委托执行审计工作。

中华人民共和国成立后很长一段时间取消了社会中介审计。党的十一届三中全会以后，为了适应发展商品经济的客观要求，于 1979 年开始陆续设立会计顾问处。从 1983 年起，审计部门领导下的审计事务所在全国陆续组建，1987 年 1 月审计署颁布了《关于进一步开展社会审计工作若干问题的通知》，具体明确了开展审计工作的一些重要问题，然后在审计条例中又进一步规定了社会审计组织的性质和业务范围。

根据《中华人民共和国注册会计师法》《中华人民共和国审计法》的有关规定和国务院的有关指示，经财政部、审计署研究决定，中国注册会计师协会与中国注册审计师协会实行统一联合，从 1995 年起我国社会审计事业逐步走上了统一发展的道路。脱钩改制改变了会计师事务所的"官办"形象，增强了国内外投资者的信赖度，为注册会计师独立、客观、公正地执行审计业务奠定了体制基础。同时，也使从业人员的风险、责任意识明显提高，队伍结构趋向年轻化、专业化，会计师事务所发展活力得到全面激发和释放。

大力开展行业诚信建设，树立行业良好形象。2001 年以来，国内外证券市场接连发生的一系列财务欺诈案件以及与之相关联的审计失败案件，使注册会计师行业诚信度受到严峻挑战。在困难与挑战面前，中国注册会计师协会明确提出了"以诚信建设为主线"的行业建设思路。中国注册会计师协会积极加强行业诚信的理论研究和实践探索，发布行业诚信建设纲要，系统提出了行业诚信建设的指导思想、目标、任务和措施；完善职业道德规范，发布了职业道德规范的指导意见；加强对会员执业诚信行为的监督和管理，制定实施会员诚信档案制度；加强行业诚信的宣传教育，强化会员"诚信为本，操守为重"的职业理念等。

加强专业标准建设，建立和完善行业职业规范体系。自 1995 年中国注册会计师协会制定发布第一批独立审计准则以来，已先后组织制定发布了 48 个准则项目，独立审计准则框架体系基本形成。在准则制定过程中既充分考虑了中国国情，也兼顾了与国际惯例接轨。

加强注册会计师队伍建设，抓好考试和培训工作。自 1991 年我国开始实行注册会计师全国统一考试以来，注册会计师全国统一考试已经发展成为国内考试人数最多和权威性最强的执业资格考试之一。

我国注册会计师行业要以诚信建设为主线，以维护公众利益为宗旨，加强行业建设与改善执业环境并重，开放国内市场与走向国际市场并举，体制创新与技术创新并进，全面提升行业的社会诚信力和市场竞争力，为我国社会主义市场经济体制的发展完善和经济社会的全面进步服务。

二、行政事业单位财务审计存在的风险与应对措施

（一）行政事业单位财务审计存在的风险

1. 对财务审计工作认识不清晰

部分行政事业单位对财务审计工作的认识还不够清晰，因而对财务审计工作也没有一个明确的定位，继而使财务审计工作显得形式化而不具备实际意义。

2. 财务审计制度尚未健全

作为一项规范性与专业性较强的工作，财务审计工作在行政事业单位的开展中得不到充分重视，其严格并且规范化的业务操作不被认可。从当前的财务审计工作的实施状况来看，财务审计制度尚未健全这一弊端愈来愈明显。在财务工作范围、财务审计的程序、财务审计的分工、财务审计的内容以及财务审计的报告等方面都存在财务审计制度不完善的问题。

3. 财务审计工作缺乏必要的执行力

在行政事业单位独立性不足的情况下，单位在财务审计中的执行力度必然不足。大多数的财务审计的主要方向都只是单纯地对财务进行审计而未对单位的财务起到警醒的作用，管理者对财务审计工作不够重视也是导致审计工作缺乏执行力的因素之一。

4. 财务审计人员的综合素质有待提高

目前，行政事业单位中大多数财务审计工作人员对审计专业知识较为了解，但财务软件及计算机操作能力欠缺。再者，财务审计工作是财务与审计这两部分内容的结合，二者之间的关联性较强。但大部分的行政事业单位将这两者的关联性削弱了，两者呈现相分离的状态，这十分不利于财务审计工作的开展。

（二）优化行政事业单位财务审计的措施

1. 合理配置财务审计人员

行政事业单位内部财务审计的内容和对象等随着各种体制的改革而变化着，由此，财务审计人员除了要具备应有的专业知识以外，还需要熟练掌握会计、工程预算、税务以及相关的法律知识等诸多内容，行政事业单位应根据自身的需要合理配置财务审计人员。

2. 加强对财务审计工作性质的认知

财务审计是行政事业单位改善内部控制，加强内部监督的有效方法之一。通过财务审计经常性的审查、分析及评估，可以提高行政事业单位的资金使用效益，防范腐败等行为，确保职能目标的实现。因此要多渠道、多角度地宣传财务审计的价值，以促进行政事业单位领导层与干部职工对财务审计工作的认识。

3. 健全财务审计内部机制

行政事业单位在建立财务审计内部机制的时候除了要将财务审计部门与其他职能部门分开设立以外，还需要制定财务审计部门人员工作规范，避免与其他部门建立利益关系。财务审计工作的开展要按照规范化的规章制度进行，保证财务审计报告数据的真实性。

4. 提高财务审计人员的综合素质

财务审计人员是财务审计工作开展的基础，在招聘的时候应该选择录用素质高、专业能力强的综合性人才。与此同时，对在职的财务审计人员也要进行不定期的专业知识培训和各种与审计工作相关的先进理念交流，进而推动行政事业单位的健康稳定发展。

三、信息化环境下高校内部财务审计关键点

（一）注重内部控制制度的评审

内部控制制度评审是高校内部财务审计的核心，良好的内部控制有利于会计信息的安全与完整，有利于保证系统提供的信息真实和可靠。实行会计电算化后，会计核算和财务管理的分工与手工条件下有了很大的不同，对内部控制制度的要求也相应发生了变化，建立一整套适合电算化会计系统的内部控制制度就显得尤为重要。审计人员可以通过与相关财务人员进行座谈、实地观察、查阅系统的文档资料等办法了解系统的内部控制，对内部控制的健全性和合理性进行评价，若内部控制制度存在不合理、不健全或执行乏力的现象，应及时予以提示，采取措施，从而降低风险。

（二）确保相关财务数据的真实完整

进行内部财务审计时，审计人员先通过计算机对会计电算化系统中的数据进行采集，再通过数据接口转换到审计软件中，形成内部审计人员可以运用和操作的审计数据，财务数据的真实完整是分析审计数据及出具审计工作底稿的保障，它不仅依赖会计人员输入资料的准确度，还依赖计算机系统的处理和控制功能。内部审计人员在审计过程中一方面要对财务原始数据和凭证、账簿、报表等有关资料的真实完整性进行审查，看有无虚假数据，另一方面也不能忽视对财务软件的处理和控制功能、数据处理的流程、软件维护的关注。

（三）对计算机系统的监控和测试

高校内部财务审计不仅要将计算机作为审计手段，还要把计算机信息系统作为审计的对象。内部审计人员在进行财务审计时，应当对电算化会计信息系统的安全可靠程度进行检查，包括：使用的会计软件是否符合有关的标准，会计信息系统使用的设备是否能满足需要，是否具有自检、自行校验的功能，设备是否专用等。如果会计系统的程序存在错误，系统就会按给定的程序以错误的方法去处理所有有关的会计事项，其后果的严重性将远远超过手工操作系统造成的差错。

（四）保障财务和审计资料的安全性

在信息化条件下，计算机机内文件的安全保护、备份和恢复变得非常重要。由于数据资料存放介质为硬盘等磁性介质，新记录有可能覆盖原有的信息，使得审计人员对业务数据变化的中间过程无法了解，造成可视审计踪迹减少，导致审计线索中断。为了保障财务和审计资料的安全性，只有经过授权批准的人员才能

接触系统的硬件、软件、数据文件及系统文档资料。

（五）加强审计人员的继续教育工作

随着高校会计核算和财务管理信息系统逐步与国际接轨，高校应当注重审计人员的继续教育工作，加快对审计人员知识结构的更新。另外，由于高校现有的审计工作人员基本上以会计、审计专业为主，精通计算机操作的人员少，为更好地适应信息化，应加强对审计人员的计算机专业培训，保证计算机在审计实务中得到广泛、有效的应用。

四、信息化条件下高校内部财务审计的发展趋势

（一）制定适合高校的标准化计算机内部财务审计规范

高校内部财务审计的对象是校内有关部门和人员，审计部门可以在学校内部财务制度的基础上，通过定义与被审计对象的标准接口来规范和细化审计行为，制定出一套易于操作的高校标准化计算机内部财务审计规范，充分发挥计算机辅助审计的优势。值得注意的是，由于审计本身是一种复杂的行为，在制定标准时要保持一定的灵活性，审计部门在按照标准化的审计流程完成审计之后，要对审计过程进行评价，如果审计过程存在效率不高等问题，则应当进行检查并做出相应调整。

（二）构建全方位的计算机审计软件平台

为了使财务系统和审计系统能方便地实时联网，以便进行事中审计监督，高校在条件许可的情况下，应该构建全方位的计算机审计软件平台。一是审计项目管理子系统，通过该系统对审计组成员进行分工，将审计工作由原来的个体性很强的工作方式转变成为群体化的工作方式。二是财务数据查询子系统，要能将财务数据通过数据接口转换为审计查询的数据，使审计人员可以随时查询、分析财务数据。三是财经审计法律法规查询子系统，其功能是输入、检索、查询、浏览及打印在审计过程中需要的各种法律、法规、政策、制度等适用性文件，并具备网上升级功能。四是审计公文管理子系统，便于处理各项目审计过程中的文件。

第二节　新时期高校财务审计

一、新财务会计制度对我国高校财务审计产生的影响分析

（一）增加了财务审计类别

以往高校财务审计类别包括预算审计、决算审计、专项审计等，通常是对高校下一年度的成本预算、基建项目竣工决算、重点项目和特殊项目的资金使用情况、相关主体经济责任进行审计，遗漏了国库集中支付、政府收支等内容，无法真实反映高校运营管理的所有收入和支出。新财务会计制度下，成本、绩效、固定资产计提折旧等都纳入了高校财务审计范畴，而且高校更加关注自身的成本效益，期望财务审计工作的开展能够强化对财务风险的控制，减少不必要的经济损失，财务审计类别明显增加，促使财务审计监督、检查、服务职能得以有效发挥。

（二）丰富了财务审计内容

财务报表是财务审计的主要内容，不同报表类型应该清晰体现出对应的财务信息，便于相关部门进行审查，得出准确可靠的结论。如决算报表中必须包含基建项目数据、项目各个阶段的经济成本、高校净资产和负债等，这是新财务会计制度下高校财务审计内容方面的一个重要变化。财务审计内容变得更加丰富，相关工作难度会有所上升。与此同时，业财一体化是一个必然趋势，在财务报表上加入业务活动相关的会计信息，用文字进行详细说明，反映高校管理、科研、教学等各项支出，确保账实相符，高校资金能够得到合理化、规范化的使用，会使教学改革更加顺畅。

（三）转变了财务审计职能

新财务会计制度下，高校财务审计重点为风险防范，需要财务审计人员积极适应自己的新角色，严格履行监督责任，及时采集、处理、分析、传递财务信息，辅助管理决策的制定，降低风险概率。实现财务审计职能需要依托于科学严谨的财务审计制度，详细表述财务审计工作重点、难点、要求、目标等，细分人员责任，促进财务审计职能的转变。

（四）更新了财务审计方法

新财务会计制度下，双核算模式在高校财务审计工作中被广泛应用，需要设

置平行的财务会计与预算会计双科目，因而增加了财务审计的复杂性，工作效率受到了影响。大数据技术、互联网技术与云计算技术等应用使得高校财务审计方法更多，在计算机上开展财务审计工作、自动收集和整理财务信息、深层次挖掘信息价值，能对高校经济活动进行全过程、动态化的监督控制，实现了财务审计的前移，强化了财务审计工作效果，从根本上杜绝违规操作的发生，营造了安全高效的财务工作环境。

二、高校进行财务审计的目的

高校在建设过程中需要花费大量资金，财务审计难度加大。这就需要审计人员严格落实财务审计工作，克服财务审计工作困难，提高高校审计质量。高校财务审计的目的是有效管理高校的资金，确保资金的合理使用，防止腐败的发生。随着高校的规模不断扩大，高校组织结构逐渐多样化。同时，高校组织结构决定了高校财务的分散性和复杂性，因此高校需要不断加强管理。财务审计的实施，可以优化高校组织结构，使高校所有的经济活动在严格的管理下完成。

三、高校财务审计工作的意义

（一）提高预算科学性

预算直接反映高校发展情况和发展方向，高校预算由预算编制和预算执行两方面构成。高校财务审计可以监督预算编制和执行全过程，重点关注预算调整情况，把控追加预算和超支情况，以及审计是否存在无预算开支和专项资金是否专款专用等情况。这些工作有助于保证财务信息真实可靠，夯实学校财务管理基础，提高财政资金使用效率，避免高校铺张浪费，及时堵塞高校管理漏洞，实现高校资源优化配置，挖掘高校发展潜力，进一步推动高校稳步发展。

（二）提高风险控制力

高校在发展运行过程中有各种潜在风险，财务领域主要表现为资金的使用效率不高，资金链断裂或其他资金使用中的风险。财务审计关注高校的资金流向，基于事前分析和事中判断加强资金使用的控制，有助于控制资金使用审批的基本流程，同时严格按照新会计准则加强内控管理，达到改进和防范风险的效果，实现对风险的有效控制。财务审计提高了对资金使用的约束力，有助于控制收支平衡，防止出现资金占用或挪用现象，有效维护了高校财经纪律。例如，财务审计可以杜绝高校多收、乱收和少收情况，明确高校收费是否及时上缴、支出的真实性与合法性，督促高校三公经费合理使用等。

（三）保证资产的安全

高校资产较多，构成情况较为复杂，而且管理相对分散。很多高校都存在资产与财务管理脱节的现象。加强高校财务审计可以提高高校的资产管理水平，有助于开展高校的资产管理。一方面，通过财务审计可以避免高校重复购买设备的情况，防止设备使用率低的情况发生，同时加强了损耗品的检查，有助于贯彻勤俭节约意识。另一方面，高校财务审计通常与国家审计机关合作，从而更好地避免了账实不符的情况，有利于保证高校资产安全。

四、高校财务审计工作的主要内容

（一）宏观审计内容

高校财务审计工作与高校的扩招有着紧密联系，随着中国高等教育的广泛普及和深化改革，高校的发展速度普遍较快，不少高校近年来经历了办学层次升级，软硬件设备更新。很多高校还进行了分区建设，上马很多基础建设工程项目。不少高校的招生方式、教育教学方式与办学模式都发生了较大的变化。在这一背景下，高校财务审计工作成为高校资产运行监督管理的重要手段。为了更好地提高高校资金的使用效率，有效避免贪污、贿赂等情况的发生，应当加强高校财务审计工作。其基本的审计工作主要围绕财政拨款的运转周期进行，包括各项经费的使用是否遵循了勤俭节约原则，是否履行了严格的审批手续。高校各项支出是否符合预算计划，是否存在计划外支出的情况。以及经费支出是否符合国家规定，是否存在超范围随意支出经费的情况，是否存在违反规定乱发津贴补贴的行为，各种支出的凭证是否有完备的手续。

（二）微观审计内容

随着高校财务管理体系日益规范，财务审计工作信息化与专业性不断加强，财务审计日益具有微观化特征，并着力围绕部门、项目和周期开展具体的财务审计工作。例如，高校领导任期初与任期末的资产负债情况，固定资产的变化情况。包括是否有隐瞒、未上缴、截留或转移财政收入情况。审计各专项资金是否专款专用，专项资金是否及时拨付，尤其是高校科研资金和自筹资金的管理情况等。还要审计建设工程项目、无形资产及其他资产是否安全完整。大宗物品或大型设备购买情况，是否通过政府采购中心采购设备等。重点关注三公经费支出、科研经费使用、重大项目支出和内控制度的执行情况。随着高校财务审计独立性的提高，财务审计还具有信息化的特征，要求根据财务数据软件系统中的数据信息，预判高校财务管理的状况，资金使用是否合理，及时给出风险提示，从而辅助重大工程项目顺利进行。新时代的高校财务审计已经由事后审计向事前及事中审计方向发展，应进一步提高审计工作的超前性与预判性，构建综合审计体系，围绕资金安全和资产安全开展审计实践。

五、高校财务审计工作面临的挑战

（一）财会管控难度增大

现阶段，高校普遍将财务审计重点放在对会计账目的审计上，重视监督检查、轻视管理服务的现象屡见不鲜，说明高校对于新财务会计制度的研究和理解不够深入，严重制约了财务审计职能的发挥。再加上高校的扩招使得学生数量大幅增长，意味着要建设更多基础设施，基建项目投入的资金量较为庞大，对每笔资金进行监督和审查加重了财务审计人员的工作负担，工作失误时有发生。财务审计工作中尚未采取全过程审计策略，审计结果不能够综合全面地反映高校资金的用途和数额，违背了新财务会计制度下财务审计对财会风险管控的要求，资金安全很难得到保证，资金利用率有待提高，给高校教学改革工作的开展造成了负面效应。

（二）财务审计体系不健全

财务审计体系建设滞后，缺乏健全的财务审计体系，导致财务审计人员对于自身职责不够明确，监督和审计内容存在交叉和遗漏，资源浪费现象较为严重，财务审计工作效率不高，还会影响到财务信息的真实性和时效性，管理决策缺乏科学性与可行性，高校财务内控能力被削弱，发展过程中将会面临重重难关。财务审计体系的不完善进一步加大了腐败问题的发生概率，使得某些经济责任主体产生了侥幸心理，虚报资金额或者伪造票据，倘若财务审计人员的检查不够细致，没有认真核对相应信息，会给高校带来无法预估的经济损失。

（三）财务审计专业人才匮乏

面对新财务会计制度下高校财务审计工作内容、类别和职能的变化，对于专业素质较高的财务审计人才有着旺盛需求，而这类人才在高校是比较匮乏的。因为高校财务审计人员的知识结构比较单一，往往缺乏自我更新意识，现代信息技术的应用能力不强，难以胜任新时期的财务审计工作。高校组织教育培训活动不多，财务审计人员缺少参与热情，知识技能很难得到有效提升，针对实际工作开展中遇到的各类问题处理效率低，对高校财务风险的防范能力较差，审计结果的参考价值不高，审计报告内容不全，致使高校财务审计工作流于形式，高校资金安全受到巨大威胁。

（四）财务审计独立性不强

影响高校财务审计工作效果的关键因素就是财务审计独立性，财务审计人员易受到诸多因素的干扰，无法如实填写报告，致使真实信息可能被隐瞒。还有部分高校会将财务审计工作交给校外专业机构，一旦这些机构或从业人员与经济责任主体相互勾结，会使高校蒙受不可估量的损失，高校将持续面临财务风险。保证财务审计的独立性是增强工作实效、发挥财务审计职能、控制财务风险、提高管理效力的必要前提，新财务会计制度下高校要积极完善组织结构，坚决不允许任何部门和个人干预财务审计工作，以保证财务审计结果的准确度。

（五）信息系统协调不完善

信息时代下，高校通过构建学生管理、教职工管理、资产管理、财务管理等多种信息化系统，实施对各类信息的统筹管理，致力于提高财务管理水平，保证高校收入和支出达成平衡，严格控制财务风险。然而各个信息化系统的数据格式不统一，无法在系统之间顺利传递和共享数据信息，对财务审计效率产生了不利影响。信息化系统的安全防御机制建设不够完善，没有定期查杀木马病毒，没有及时进行数据库的备份和更新，在线修改信息无痕迹，增加了财务信息安全风险。信息化系统还容易受到来自互联网的攻击，系统故障频频，造成数据泄露和丢失，高校财务审计工作无法取得理想成效。

六、高校财务审计工作存在的主要问题

（一）审计理念方面的问题

目前，很多高校未能正确认识财务审计的重要性，缺乏对财务审计工作的正确理解，以及对财务审计工作理解不透彻，未能进一步形成财务审计工作的合力。例如，有些高校领导对财务审计重视不足，未能要求各方面对财务审计给予足够的配合，往往以走过场的心态对待财务审计，没能认真对待财务审计，因此，未能在财务审计的事前监督与事中控制建设中给予必要的支持。还有的高校财务审计工作存在盲目性，往往未能在高校运转的全过程开展财务审计实践，财务审计的有效性、专业性与针对性不足，没能把握好财务审计的重点。新时代的高校财务审计应当依法进行，保证财务审计流程和方式方法符合法定要求，这样才能发

挥审计的指导作用，体现高校财务审计的实用价值。

（二）审计不专业的问题

高校财务审计工作的专业性、精细化和严肃性程度较高，强调审计人员依法依规开展全面的审计实践。尤其在高校发展速度较快，建设规模日益庞大的背景下，对高校财务审计人员的工作能力与责任意识都提出了较高的要求。但是，有些高校的财务审计人员的专业素养不高，不少财务审计人员仅熟悉传统的审计工作方式，不掌握具有信息化特征的审计方法。还有的高校不注重审计人员的培养，缺乏对审计队伍的建设，不能围绕财务审计工作的需要开展专门的业务培训。目前，高校还要加大财务审计人才引进力度，积极配置专业的审计人才队伍，这样才能适应审计工作的需要，解决审计工作科学性不够的问题，切实发挥审计人员的作用，实现对财务管理工作的全面有序审计。

（三）审计不深入的问题

财务审计对于加强高校财务管理，控制收支不平衡和消除内部管理漏洞具有重要意义。但是，有些高校的财务审计工作流于形式，缺乏对财务审计的必要监督，导致财务审计流于表面，不能发挥财务审计在事前预判和事中控制中的作用，影响了财务审计的整体质量。例如，有些高校财务审计工作缺乏透明化制度，未能发挥公众在财务审计中的监督作用，没有基于强有力的内审制度和操作流程开展财务审计实践。还有的高校缺乏必要的独立财务审计机构，财务审计往往由会计人员自行开展，导致财务审计工作的效果不理想。有的高校还存在干涉财务审计的现象，未能保证财务审计的独立性。为了保证财务审计工作公平、公正和公开，还要给予财务审计必要的监督，基于现代化的财务审计制度提高高校财务审计水平。

（四）审计效率低的问题

目前，很多高校财务审计工作的信息化水平不高，审计工作仅注重对账目原始凭证的审计，缺乏对财务数据信息的全面监控，无法基于新会计制度的要求实现事前审计。首先，用于财务审计的设备不够先进，审计工作中未能发挥计算机的重要作用，财务信息处理的速度较慢，导致财务数据资料无法满足审计工作要求。其次，审计软件的建设水平滞后，缺乏先进的财务审计工作软件，现有财务审计软件更新速度慢，不能适应财务管理系统更新速度。此外，有的高校缺乏财务审计信息技术人才，现有审计人员不掌握在信息化环境下的审计工作方式，财务审计的创新性不强，因此，严重影响了财务审计的整体质量。

七、高校专项资金审计

（一）高校专项资金的特点

1. 来源的多元化

专项资金来源主要包括：上级拨款、自筹基金、政府拨款、社会各种捐赠款四个部分。由于专项资金来源的多元性，从而导致专项资金管理的复杂性。

2. 范围广泛但必须专款专用

专项资金按性质分为事业发展专项资金、基本建设类资金和其他项目专项资金。在使用专项资金时，应坚持专款专用的原则，避免与其他资金混用而影响专项资金的使用效益及专项目标的完成。

3. 投入大，占用时间长

大多数专项项目投入数额大，时间跨度长，都要经过一个或一个以上会计年度才能完成。因此，对于跨年度才能完成的项目年末应将专项资金结余结转下年使用；对于当年完成的项目应及时回收或结转相应的专项资金。

（二）高校专项资金绩效审计的重要性

近年来，高校在专项资金的管理与使用过程中存在着许多问题，引起了社会的广泛关注，强烈要求绩效审计、动态管理专项资金。目前我国高校专项资金审计的主要内容依然是财务收支审计，只能把握资金的真实性、合法性，难以对资金的使用效益作出评价，绩效审计很好地弥补了这点不足。绩效审计对使用资金的效益性、经济性和效果性进行审计，我国高校专项资金审计逐步朝着绩效审计这一方向发展。

1. 监督资金按政策专款专用

高校专项资金在高校教育经费中所占比重越来越大，高校专项资金与其他资金相比具有专款专用的特点。资金使用必须严格按照申请项目的预算执行，不得随意调整项目资金数额或是变更项目内容，避免与其他资金混淆使用而影响专项资金的使用效益及专项目标的完成。

2. 更新高校审计观念

目前，高校（主要指公立高校）是财政拨款的非营利组织，人们普遍认为高校财务风险小或无风险，无须社会监控资金。并且没有审计高校资金使用的经济性、效益性和效果性，只审计评价物资采购询价、资产验收以及协助相关部门进行日常工作。《审计署 2008 年至 2012 年审计工作发展规划》提出：明确推进效益审计，着力构建绩效审计评价及方法体系的要求，绩效审计已成为未来发展方向。如今大力提倡建设资源节约型和绩效管理为主的新型高校，高校绩效审计迫在眉睫，高校应紧抓绩效审计这一中心，夯实绩效管理意识，更新审计观念这两个基本点，充分发挥现代审计职能的作用。

3. 加强预算管理、优化预算支出、提高经费使用效率

预算管理是专项资金管理的核心。目前，预算管理在高校普遍存在一些薄弱问题，尤其是结构不合理的预算支出、预算编制缺乏科学规范性，存在预算审批中主观随意性强、预算执行缺乏严谨性、预算资金投入大收益低、预算绩效评价不完整等问题，由此导致高校办学经费效益低、专项经费不能规范使用、资产资源严重浪费，引发巨额货款及高风险发展等问题。为了减少这些问题，必须在高校发展中对上述问题的根源及其原因进行查找，以成本核算和预算管理为突破口开展绩效审计，协同财务审计、经济责任审计、专项资金审计和社会责任审计等，有针对性地提出高效益、易实施的意见与建议，防止铺张浪费和盲目发展，促进高校节俭办学、开源节流，通过提高经费使用效率建设节约型高校。

4. 保障高等教育健康可持续发展的重要监督机制

实施绩效审计可以在财务收支审计的基础上，从成本－效果、成本－效益方面来衡量高校内部资源消耗和配置的合理性、有效性。对资金使用率低下、资产闲置浪费和资产流失等问题，从源头上披露并遏制，边预防边治理，以利于高等教育健康可持续发展。

（三）加强高校专项资金绩效审计的对策

1. 建立完善的专项资金管理制度

高校在完善专项资金管理制度与办法时，根据高校专项资金制度体系、管理和使用规则，尽可能详尽规定各类专项资金的申报和立项程序、立项后的审批和使用、使用期间的监督机制以及使用后的绩效考评等方面的原则和办法。具体包括：（1）编制专项经费预算计划、预算方法的科学性，资源分配的合理性以及资源投入的节约性等内容；（2）是否遵循法定程序及公开透明的编制预算；（3）专项资金使用后产生效益的评价指标，是否科学合理。

2. 实施全过程监督审计

大多数专项项目投资大，占用时间长，往往要超过一个或一个以上会计年度才能完成，因此应将审计关口前移，事前参加各专项项目的预算评审，项目实施过程中对经费变更调整实施跟踪，并在项目建设中期开展中期审计，及时压缩不

必要、不合理的开支，严禁奢侈浪费，严格按项目预算执行，对资金使用不合理、不合规之处，提出审计建议，事后参与项目验收，评价项目建设成效。

3. 根据实际，找准审计切入点

高校专项资金涉及资金量较大，审计工作量也较大，而高校内部审计资源有限，因此在审计过程中，应全盘统筹，突出重点，找准切入点。切入点的选择应主要从项目立项、资金来源和运用三个方面着手，着重于立项依据是否充分，重点掌握资金来源渠道、金额、到账情况，仔细梳理资金的去向，根据项目预算、专项资金管理规定、考核办法等审计依据，判断资金使用的经济性、效率和效果。

4. 审计调查方法与专项审计相结合

专项审计具有宏观性、广泛性、多样性的特点。专项资金绩效审计的重点审计对象应当是有代表性的单位和项目，从检查会计账目开始，检查专项资金的来源、使用、管理和效果。在审计调查中常用综合分析法，充分发挥审计调查涉及面广、内容单一、程序简化和多个小组平行作业的优势，确保统一的审计内容、完整的资料、可行性的分析、有效的评价有效结合起来。

5. 定量分析与定性分析相结合

在对专项资金进行绩效审计过程中，为了避免出现经济效益好社会效益差、局部效益好整体效益差等情况，在评价时需从全局考虑，有效结合社会效益和经济效益，使项目的经济性、效率性和效果性三性完美结合、全局反映。在实际运用中，定性分析是基础，定量分析的具体化和量化也同样重要，二者缺一不可，不能一味强调定量标准或者片面使用定性标准。

八、新财会制度下高校财务审计的优化策略

（一）明确高校财务审计主体和重点

以新财务会计制度作为指导，实施高校财务审计工作的革新，首要任务是充分明确财务审计的主体和重点内容，将财务审计工作渗透到高校的日常经营管理之中，全方位、全面化地监督资金使用情况，定期公开财务信息，增加全校师生对资金来源和去向的了解，借助广大师生的力量扩大监督范围、加大监督力度，提高对经济责任主体将产生强大的约束力。

（二）完善高校财务审计内容和职能

新财务会计制度下，高校财务审计需要扩大内部审计范围，增加内部控制审计、绩效审计，完善与廉政建设相配套的专项审计，重视开展经济责任审计、资

产管理审计、预算管理审计等。加强对内部控制系统的分析评价，及时发现内部控制中存在的问题和薄弱点，提出合理化改进措施，提升高校财务内部控制质量。除此之外，促进监督审计朝着管理服务审计、审计促进管理的方向转变，积极与被审计对象交流沟通，重视多样化审计方法的使用，提高审计风险评估、统计抽样方法的技术含量，争取得到更加精准可靠的审计结果，将控制财务审计风险摆在重中之重的位置，加大财务审计对高校资金安全的保障作用。

（三）有效防范和规避审计风险

从辩证角度看待新财务会计制度在高校财务审计工作中的应用，新财务会计制度带来了积极的影响，对高校财务审计创新起到了一定的作用，但同时也增加了财务审计的复杂性，带来了较高风险。因此，对于财务审计风险的防控是未来的工作重点，应加强财务信息的收集、整理和分析，了解经济责任主体在高校经济活动中的具体行为，及时指出资金使用不规范的地方，保证财务审计结果有据可依。在重大项目审计中实施全过程的跟踪审计，采用合理分类、抽样检查的方式，防范财务审计风险。

（四）提高财务审计人员的专业素质

加强对高校财务审计人员的业务培训，提高专业人才数量和质量，为财务审计工作的优化和创新提供人才保障，是新财务会计制度下践行现代化、规范化、信息化财务审计的关键。一方面，从社会上招收优秀的财务审计专业人才，对他们的素质、知识、能力进行全面检验，将优秀人才安排到财务审计岗位，给财务审计工作队伍注入新鲜血液。另一方面，对财务审计人员的培训予以常态化开展，精心设计培训计划，提高财务审计人员计算机和专业软件的应用能力，列举高校财务审计工作中的常见问题并组织讨论活动，提高财务审计人员分析问题、解决问题的能力。抓住各种教育契机对财务审计人员实施职业道德教育，提高财务审计人员的责任感，确保财务审计人员能够正确进行自我定位，不断完善知识技能结构，增强岗位适应力。

（五）重视现代化审计方法的应用

现代化财务审计方法的运用要以信息化系统为基础，定期检查信息化系统运行情况，查看是否及时做好杀毒、备份、升级等安全管理工作，通过对财务信息的审核保证历史数据的真实可靠，防止数据篡改诱发的风险。将财务审计报告提交给高校管理层，为高校管理服务能力的提升给予有力支持，满足高校财务管理及战略发展的实际需求。

第三节　新时期高校财务审计监督

一、高校财务审计监督概述

高校内部财务审计监督是指内部审计部门依法对学校及其所属独立核算单位各项资金的筹集、管理、使用的真实性、合法性和效益性所进行监督和评价，并提出建设性的管理建议。高校财务审计监督是对财务部门管理系统进行的监督控制，包括校级财务机构和二级财务机构，重点监督财务部门管理系统财务收支的合法性、真实性和效益性。内部审计部门应根据《教育系统内部审计工作规定》的要求进行财务审计监督。

（一）财务审计程序

1. 确定审计计划

第一，根据学校管理层的要求或按照审计工作计划，确定当年被审计的内部单位和审计项目。

第二，选派人员组成审计组，编制审计工作方案，包括审计对象、时间、内容等。

第三，向被审计单位发送审计通知书。

2. 实施审计监督

财务部门提交与被审计项目相关的账簿、会计凭证、制度等书面资料，电子数据包括：有关财务管理、会计核算、内部管理制度等文件资料，被审计年度会计凭证、会计账簿、会计报表等资料，与审计项目有关的经济合同、协议，以及其他有关财务收支的资料。

审计组实施审计，填写审计工作底稿，取得审计证据。

审计组整理、归纳、汇总、分析审计证据和审计工作底稿。

3. 编写审计报告

审计组编写审计报告，其中包括基本情况、审计发现的主要问题、审计处理情况和建议、问题的整改情况等。

审计组征求被审计单位对审计报告的意见，并根据反馈的意见对有关问题进行核实、修改或复议。

审计组出具审计意见书或审计决定，经审计部门审定并签发。

4. 进行审计整改

被审计单位将审计建议或审计建议书、审计决定书的落实情况报送审计部门。

审计部门对重要的审计事项进行跟踪审计。

5. 审计材料归档

审计项目结束后，整理审计材料。

审计材料归档，建立审计档案。

（二）校级财务审计的内容

高校校级财务审计的内容包括基本情况审计、预算审计、收入审计、支出审计、资产负债审计、净资产审计、年终决算及报表审计等。

1. 基本情况审计的主要内容

财务管理体制与运行机制是否符合国家的有关规定；学校财务工作是否实行统一领导，是否按规定设置财务管理机构并配备合格的财会人员。

财务规章制度和内部管理制度是否健全，执行是否有效。

财务管理部门内部不相容岗位是否分设，并相互控制与制约；会计核算是否符合会计法规、会计制度和学校的规章制度。

2. 预算审计的主要内容

预算编制的原则、方法及编制和审批的程序是否符合国家、上级主管部门和学校的规定；各项收入和支出是否全部纳入预算管理，有无赤字预算；预算调整是否按规定的程序办理并经批准后执行，有无调整项目的原因及金额的详细说明。

各项收入和支出是否按预算执行，是否真实、合法，会计核算是否符合会计制度，预算执行过程中的控制是否有效。

预算的执行情况及差异。预算的执行情况如何，如果差异较大，应当进行原因分析。

3. 收入审计的主要内容

财务收入来源的合法性。事业性收费的项目、标准和范围是否经物价部门批准，有无擅自增加收费项目、扩大收费范围、提高收费标准等乱收费问题。

收入入账的完整性。各项收入是否及时足额到位，有无隐瞒、截留、挪用、拖欠或设置账外账、"小金库"等问题。

学费等收费收入是否按规定实行收支两条线管理，并按规定使用财政部门统一印制或监制的收费票据，是否按有关规定将应当上缴的收费收入及时足额上缴财政专户。

是否筹集到满足正常运行所需的资金，保持合理的资金结构。

4. 支出审计的主要内容

支出是否真实，是否按预算执行，有无超预算、超计划等问题；有无转移、虚假发票报账、违反规定发放钱物等问题。

支出是否合法，是否按照国家、上级主管部门和学校规定的支出范围和标准执行，有无超标准、超范围支出等问题。

支出是否有效益，资金使用率情况，有无结余过多或损失浪费等问题。

专项资金是否专款专用，有无挤占、挪用等问题。

对投资项目是否进行过可行性研究，投资方向和投资规模是否合理，资金配置是否有效。

5. 资产负债审计的主要内容

现金及各种存款的管理是否符合规定，银行开户是否合法，内控制度是否健全，日常资金管理是否安全，有无公款私存等情况。

教学和实验材料有无按国家政策和学校规定进行采购，验收入库、保管、领用是否按照规定的程序办理；有无定期清查盘点，账实是否相符，盘盈、盘亏是否及时调整，调整是否符合有关规定。

固定资产的购置后否采用招投标流程、有无审批手续，报废、调出、变卖等资产处置是否按照规定的程序办理并报有关部门审批，资产有无被无偿占用或流失等问题；固定资产是否进行定期或不定期的清查盘点，盘盈、盘亏是否及时查明原因，并进行相应的账务处理，账账、账卡、账物是否相符。无形资产的管理是否符合有关规定，转让、购入、捐赠和投资的无形资产是否按规定进行评估。资产的账务处理是否符合政府会计准则制度的规定。

对外投资是否按规定经有关部门批准或备案；与被投资企业的产权关系和经济关系是否明确；以实物或无形资产对外投资是否按规定进行资产评估，有无资产流失、投资失误等问题；收益处理是否合法。

往来款项（包括应收或暂付款、应付或暂存款）是否及时清理、结算；有无长期挂账形成呆账、坏账；无法收回的应收和暂付款项的核销是否按照有关规定和程序执行，核销是否查明原因、分清责任；对各项负债是否及时清理并按照规定办理结算，是否在规定的期限内归还或上缴应缴款项；债权、债务是否清楚，代管款项是否符合规定，有无将学校收入转为代管款项的情况。

6.净资产审计的主要内容

各项专用基金的管理是否符合国家和同级财政部门的规定；职工福利基金、学生助困基金等是否按照规定的比例提取。

各项专用基金是否专款专用，是否按照规定的用途使用，使用效益如何，会计核算是否符合规定。

事业基金管理是否按规定进行，其中一般基金和投资基金的会计处理是否符合会计制度的规定。

7.年终决算及报表审计的主要内容

年终收支结转是否符合政府会计准则制度的规定，不同类别的结余是否分别进行处理和单独反映。收支结余是否按照政府会计准则制度的规定进行分配结转，是否按照有关规定提取各项专用基金，有无多提或少提等问题。

年度决算和财务报告编制的原则、方法、程序和时限是否符合财务制度的规定和上级主管部门的要求。

年度决算和财务报告的内容是否完整，资产负债表、收入支出表的数字是否与会计账上的科目余额表一致，有无隐瞒、遗漏或弄虚作假等问题。

财务情况说明书是否真实、准确地反映了学校年度财务状况，对本期或下期财务状况发生重大影响的事项是否真实、有依据。

财务分析的各项指标是否真实、准确。

（三）二级财务机构及独立核算单位财务审计的主要内容

二级财务机构及其所管理的独立核算单位的财务审计内容应包括二级财务机构的建立和完善情况、独立核算单位的财务情况两部分。

1.二级财务机构审计的主要内容

二级财务机构审计的重点是机构健全情况、人员配备情况、会计基础工作规范化情况等。

会计机构建立和会计人员的配备是否符合政府会计准则制度规定，会计基础工作是否规范，会计手段、工作环境以及队伍建设是否符合实际需要。

会计账簿设置是否规范，内容是否完整、真实、合法，记录是否及时、清晰、准确。

会计凭证的填制是否符合要求，所反映的经济内容及会计处理是否真实、合法，会计凭证的审核、传递、归档是否符合规定。

2.独立核算单位财务审计的主要内容

二级财务机构所管理的独立核算单位，组织形式多种多样，如有事业性质的校医院、自收自支的非营利性质的服务单位、校办企业等，采用的会计制度也不尽相同，校医院采用医院会计制度，公司制的企业采用企业会计制度等。对独立核算单位的财务审计，应根据每个单位的性质不同而有所差别或侧重。

各项收入是否进行了完整、真实、准确的记录和会计处理，相应的款项是否及时收回，有无截留资金形成账外资金等问题。

各项支出是否合理，成本费用是否配比，重要的支出是否经过授权，重大支出的内部控制是否健全、有效。

利润的计算是否正确，是否符合法定程序，有无隐瞒、夸大等人为调节利润的问题，利润分配是否符合规定，是否经各投资方认可。

各项税金的计提、计算是否符合税法，对各项税收减免政策是否正确、充分使用，税金的缴纳是否符合要求。

各项资产是否真实、账实相符，增减变动是否真实、合法，计价方法是否一贯，相关业务的截止是否准确，资产是否为企业所有并安全完整。

各项债务的形成、管理、清偿是否符合会计核算的要求，计算是否准确。

所有者权益各项目的形成、计提、使用等增减变动是否合法、真实，相应的会计处理是否符合规定。

各项经济合同的合法性、合理性，合同的要素是否完备，特别是涉及基本建设、物资购销、重大投资活动的合同是否存在损害国家和学校利益的情况。

各项收入、支出、资产、债务在会计报表上的反映是否真实、恰当。

（四）对财务人员的监督

对财务人员的监督，主要是监督财务人员的经济行为对学校经济管理和运行效率的影响。

1.财务人员岗位设置监督

财务人员素质和岗位设置将直接影响财务管理的效果，对财务人员素质和岗位设置进行监督，有利于提高财务管理水平。

财务人员是否符合会计法规定的从业资格和条件。

会计不相容岗位是否分离。

会计人员有无进行定期的轮岗和培训。

2.财务人员行为规范监督

财务人员行为规范监督，是保护财务人员、防范职务犯罪、降低高校经济风险的保障。

财务人员职业操守是否遵循职业道德规范。

是否做到行为规范所要求的"该为"的作为和"不该为"的不为。

二、加强高校财务审计监督的意义

加强高校财务审计工作监督能够对中国特色社会主义经济发展起到积极的促进作用，也能够为高校制度的构建与完善以及资源配置水平的进一步提升奠定良好基础，弥补高校传统财务审计监督工作中存在的不足，减少国家和社会的经济损失，为高校收支平衡提供有力保障，为高校稳定发展奠定坚实基础。另外，进一步加强高校财务审计监督、构建更完善的财务审计工作制度也能够为高校提供优质的服务，给高校各项制度的现代化发展带来积极影响，努力做到从源头避免财务腐败问题发生，以免给高校现阶段以及未来建设带来不利影响；实现理论与实践相结合、促进审核工作水平进一步提升，充分发挥审计监督的积极作用；财务审计监督法治建设水平不断提升能够为中国特色社会主义法律体系的构建、优化奠定良好基础，确保各项审计工作可以严格按照国家相关要求落实到位；内部审计监督力度不断加大能够促使高校内的领导干部时刻规范自身言行，同时还可以促使财务审计人员通过不断的学习积累提升自身专业素质，从而充分满足各阶段各项工作提出的需求，为高校的创新发展提供有力支撑。

三、高校财务审计监督工作的新特征

近年来，资金来源结构呈现多元化的发展趋势。高校参与社会活动较多，使得学校财务审计监督工作难度较大，同时高校与企业之间积极开展合作促使高校资金结构呈现多元化的特点，使得财务审计监督工作面临诸多新情况与新问题，复杂性增强。

四、高校财务审计监督工作存在的问题

（一）财务审计监督尚未引起高校足够重视

随着市场经济发展不断深入，诸多行业都参与其中，高校是社会发展的重要组成部分，承担着为国家输送人才的重任，受到国家和社会的广泛关注。因此，高校财务审计监督工作需要引起高校高度重视。针对高校实际发展情况，尽管高

校内部也拥有财务审计监督方面的相关法律法规，但切实提升审计的作用可以为高校工作的有序开展奠定基础。当前，部分高校对这项工作重视程度不够，对审计监督工作认识不到位。

（二）审计工作缺乏协调性

鉴于观念以及认识不足，加之部门之间配合有限，虽然高校建立了审计工作联席会议制度，但是其缺乏协调能力，主要体现在职务履行不充分、配合不到位、会议召开和议题随意性较大等方面，无法保证审计的质量与速度，审计缺乏深度。另外，审计工作缺乏时效性，任中审计不到位，比重较低，存在"先审计，后离任"原则落实不佳的情况，无法保证审计的严谨性。同时，审计的整体水平不高，主要源于人员综合素质与综合能力不高，加之任务时间紧，使得程序简化，很多环节未得到有效执行，甚至出现走形式现象，审计质量难以保证。

（三）基建项目审计缺乏规范性

基建工程管理方面的问题比较突出，模式缺乏科学性，自主成立基建部门，采取委托的方式进行设计与施工，主体之间的协调工作需要自主完成，监督管理不到位，项目管理体系不完善，对采购管理监督不力。在采购市场，由于供货渠道广泛、市场价格各异，一旦对采购过程的监督审计不到位，供货商与采购人出于利益考虑，会出现虚报等现象，诱发贪污受贿。除此之外，事前审计监督工作尚未有效落实，很多审计人员只重视事后审计，忽略事前、事中审计，对项目前中期把关不严，造成经济损失。

（四）内部审计建设亟待加强

首先，审计监督权威性不强，部分高校虽然设立了审计处，但其只是与其他部门平行的一个内设机构。有些高校甚至未设置专门的内审机构，大大弱化了内部审计的独立性和权威性。其次，审计人员专业性不强，很多人都是由原来的财务人员转入，有的是行政人员，并非科班出身。同时，审计人员工作繁重，培训工作落实不到位。最后，内审工作的规范化、制度化程度不高。事后会计审计多，事前控制监督少；查出问题多，处理少；不少地方还存在腐败隐患。

五、高校财务监督与审计监督联动发展新思路

（一）提升对财务监督和审计监督的重视程度

高校财务监督和审计监督要起到作用，从根本上来讲，需要得到各个层面的重视。一是单位领导；二是监督主体，即财务人员和审计人员；三是校内教职员

工。单位领导重视能够给予来自决策层的支持，保障监督工作客观公正地开展，不受干扰，保障监督工作落到实处；监督主体的重视能够激发财务人员和审计人员内生动力，主动承担起监督责任，提升监督效率与效果；校内教职员工重视能够促使教工自觉依规章办事，减少违规违纪现象。

（二）促进财务部门和审计部门人员适度流动

无论是财务监督还是审计监督，说到底还要靠财务人员和审计人员的脑力劳动来实现。虽然财务信息化和审计信息化程度在飞速发展，但信息化永远离不开财务人员和审计人员的职业判断和经济事项分析，因此，人是财务监督和审计监督过程中的关键因素。但从实践中看，财务人员和审计人员存在着各自的职业优势和思维定势，因此，财务部门和审计部门人员适度流动有利于两个部门优势互补，监督手段、重点互促互融，能够大大提升监督效率。

（三）建立财务部门和审计部门联动协作机制

一是重大经济事项联合监督。有些监督情况不甚理想，往往由于职责不清或互相推诿，因此，建立重大经济事项联合监督机制是一种有效的协作机制。具体来说，通过对属于单位"三重一大"内容的经济事项进行全过程联合监督、财务数据进行阶段性绩效评价与反馈、审计部门对于重点环节进行抽审、出具联审报告等方法来实现。二是风险经济事项双重触发。通过风险经济事项双重触发可以最大程度解决财务监督和审计监督的时点差。在财务监督过程中，往往能发生违纪现象或潜在违纪现象，当这种行为发生时，将发现的问题及时与审计部门沟通，进行线索追查或就共性问题形成防范机制，实现将事后的审计监督关口前移，极大程度保护公共资金，起到防错纠弊作用。三是扎实推进审计工作联席会议制度的落实。很多单位已建立了审计工作联席会议制度的落实，通过"紧密合作、各司其职、各负其责、相互配合"的机制，发挥有关部门监管合力，提升审计成效，财务部门往往纳入有关部门之列，但在施行过程中，审计工作联席会议往往仍然是审计部门唱独角戏，过程中的协作、反馈、整改效果大打折扣。因此，扎实推进并不断落实、创新审计工作联席会议制度也是协作机制的关键要素之一。

（四）积极构建"三方审计主体"

为有效落实财务审计监督工作，高校要积极建立完善的财务监督审查制度，不断发展与创新，既要成立监审处，又要安排相应审计人员，保证各种监督控制机制齐全，以便有效应对审计工作中的局限性。基于此，高校要重视部门之间的联系，形成三方审计主体，全面发挥审计工作的作用，从根本上保证其权威性。

另外，高校要重视成立内部审计部门，保证与相关注册会计师、审计机构进行合作，与国家审计机关的功能相适应，构建三股有效的力量，实现三方审计主体的功能，切实提高高校审计水平。

（五）依托高校内部审计监督机构

高校为了构建三方审计主体，需进行多方面努力，难度系数较高。究其原因，主要是国家审计机关以及社会审计机构无法与学校日常工作进行有效关联，使得三方审计主体的功能无法全面发挥。因此，高校要注重发挥自身能力，充分重视内部审计部门的作用，挖掘自身潜力，增强监管强度，维护权利与责任的统一，保证落实到位，构建更加高效的监督制度，切实提升资金利用率。

（六）重视建立审计监督方面的激励和约束机制

高校发展需要发挥其审计监督的管理作用，该功能无法被替代。高校要充分认识到这一点，以便构建科学高效的审计监督激励机制，全面实现约束功能，尤其是重视审计监督资金专用机制，维护资源使用的科学性与合理性，保证专款专用。高校经济活动多样与频繁是促使监督审计资金投入增多的主要原因，因此要将信息的收集以及资源配置落实到位，保证全面性，发挥监督与激励机制的作用，促进工作顺利开展。

（七）增强高校审计监督制度执行力

对于财务管理工作的开展，高校要认真贯彻执行相关部门发布的管理政策，强化对经济活动的监督和对资金安全的保障。审计部门要以年为单位，对预算决算执行情况进行审计。另外，重视财务审计联网的实施，实现财务行为的实时在线监督。积极构建完善的任期内经济责任审计制度，提升高校对财务工作的宏观管理和协调能力，落实以校（院）长为首的经济责任制，发挥多层次的经济责任制的价值，明确总会计师在学校财经工作和财务管理中的领导作用。

（八）优化与创新审计监督实施机制

结合当前高校发展，其审计监督的实施机制与审计监督需求不相适应。为此，高校需要重视加强审计监督机制重构和整合。首先，建立科学的审计监督规范，保证各部门职责划分清晰，权责明确，有效发挥动力与压力的作用。其次，对于参与监督的各个主体，实现彼此之间的相互监督，维护有效协作，实现整合优势。再次，构建审计监督方面的纠错和目标选择机制。最后，分析审计监督模式，转变监督审计手段，切实提升审计监督的效率和质量。

（九）加强高校审计监督队伍建设

目前，高校监督工作潜力巨大，为此，要加速人才培养，构建更加科学高效的人才培养机制，强化审计监督队伍的建设，提高审计工作质量。另外，要具备科学审计思维，勇于接受新任务，明确新要求，树立更具创新性、开放性与共享性的发展观念，尤其要落实依法审计、鼓励创新、推动改革三大原则，强化队伍建设，依法文明审计，维护审计形象，坚持从严从实，更加认真用心，确保各项工作顺利推进。

第六章　高校财务信息化与智能化应用研究

第一节　高校财务信息化研究

一、高校财务管理信息化的优势

1. 高校自身发展的客观要求

近年来，随着高校招生规模不断扩大、办学层次不断深化以及多样化办学模式的出现，高校由过去单纯以教学、科研为主的国家包揽办学模式向科研、教学、合作开发、生产经营等市场经济体制下的多样化办学模式转变。多样化和复杂化的高校财务活动，多元化的办学资金筹措渠道，特别是跨校区办学与财务分级管理的普遍施行，使传统模式下的高校财务管理面临严峻的挑战。高校财务信息化管理，将网络信息技术与财务信息管理相结合，打破传统模式下会计信息需求的局限性，为高校管理人员和广大师生提供即时、动态、完整的会计信息内容。这既在电算化的基础上进一步减轻了财务人员的工作强度，提高了财务管理的效率和水平，又有利于推动高校各部门之间的沟通与协作，促进高校整体管理水平的进一步提高。

2. 数字校园建设取得良好的发展

近年来，在国家大力推进信息化建设和改造的浪潮下，高校的校园数字化建设取得了突飞猛进的发展并且已经初具规模，同时在后续的信息化建设方面也取得了积极的进展，比如经费的持续投入、平台建设的规划和设计等，这为高校财务管理信息化的建设提供了一个良好的发展氛围，是财务管理信息化建设的主要推动力，目前，在良好的数字化校园建设基础上，高校财务部门可利用先进的计算机网络信息技术，研究开发网上预约报账系统、无现金报账系统和个人收入网上申报管理系统，以实际行动积极推进高校财务管理信息化建设。

3. 具备先进的硬件设施

硬件设施的完备是实现财务信息化建设的基础。近年来，随着国家对高校基础设施方面的持续投入，高校校园网和 Wi-Fi 无线网络已基本实现了校区全覆盖，特别是近几年来"云概念"技术的提出和应用，促使高校硬件基础平台的承载能力显著增强，同时应用系统和信息数据的安全保障建设方面也得到了显著的提高。这些都为高校财务管理信息化建设奠定了扎实的硬件设施基础。

4.强大的智库资源

高校作为全社会精英人才的主要聚集地，汇集了大批计算机、信息网络安全技术及财会方面的专业人才。人才优势是高校财务管理信息化建设的独特优势，为高校财务管理信息化的建设与发展发挥着积极的作用。

二、高校财务管理信息化的劣势

1.各个部门信息共享程度低

现有的高校财务系统虽然已经支持广大师生对相关财务信息的实时查询，但是目前财务系统中所提供的这些实时信息大都是出自财务部门，财务信息的综合化程度不高。特别是提供给领导层进行决策辅助的会计信息，也只是对过去一段时间财务数据的汇总分析，在时效性方面有所欠缺，这样势必对管理层的正确决策带来一定的影响。造成这种状况的主要原因是综合性的信息化建设程度不高，财务系统同其他业务部门的信息系统彼此互不关联，财务部门所需的会计信息并不能从其他业务部门的信息系统中进行实时快捷的提取，会计信息的采集主要还是依靠其他部门以人工方式传送的纸质材料为主。相对独立分散的信息系统构建，可能在信息的安全性方面得到保障，但是这种状况的存在必然导致高校各部门的信息系统"各自为政、封闭管理"，使会计信息与其他信息受到制约，从而不能及时有效地进行实时汇总、分析及处理。

2.缺乏复合型会计人才

财务管理信息化建设的实质是通过在具体的会计活动中充分利用信息技术来实现财务管理的高效率和高时效。这就要求必须拥有一支既懂会计专业知识又懂计算机网络技术的复合型人才队伍。但是目前这种复合型的人才在高校的财务人员中仍然严重匮乏，一部分拥有丰富财务专业知识的大龄财务人员对计算机心有抵触，不愿接受新事物；年轻的财务人员虽然掌握了一定的计算机知识，但由于是非专业出身，缺乏深层次的计算机系统设计、程序编译等技能，不能有效地根据财务管理需求设计系统架构；计算机专业人员虽然熟悉计算机和网络技术，但又对会计专业知识知之甚少。因此，复合型的财务专业人才的缺失制约着高校财务管理信息化的建设和发展。

三、高校财务管理信息化的机遇

1.国家政策的大力支持

最近几年，国家从上层结构上对高校财务管理信息化建设进行了指导，陆续颁布了一系列指导性法规文件，对高校财务管理信息化建设大力支持。处在这样政策利好的大环境下，高校财务管理信息化建设迎来了重要的发展机遇期。

2. 信息技术的高速发展

目前，网络传输、信息存储、数据处理、网络安全等方面的信息技术高速发展，为高校财务管理信息化建设奠定了坚实的技术基础。特别是可扩展商业报告语言（EXtensible Business Reporting Language，XBRL）技术标准规范的出台与成功实施，使会计信息"集中一处、信息共享"以及对财务管理信息的深度发掘利用得以实现。而"云概念"技术的出现和移动互联网新兴网络技术的开发和应用，不仅大大降低了信息化建设的成本，还促进了高校财务管理水平的提升和经济效益的提高，为高校财务管理信息化建设注入新的发展动力。

3. 软件行业的快速发展与成长

经过多年的努力发展，我国软件研发企业的研发能力和售后服务水平大大增强，特别是有些软件企业已经深耕于财务管理软件研发多年，且对高校财务运行管理特点非常了解。以往研发的管理软件在实际的应用中也得到了广大高校财务会计人员的高度认可，软件行业的快速成长与发展为高校财务管理信息化的建设创造了良好的软件条件。

四、高校财务管理信息化的威胁

客观存在的会计信息安全风险。任何一项新的技术都会经历一个由不完善到完善、由不成熟到成熟的发展过程，信息化建设所依赖的信息技术当然也遵循这个技术发展的自然规律。另外一些看似非常成熟和完善的技术设备也会随着新技术的进一步发展而暴露出一些新的缺陷，这些技术发展的自身特点和某些相关因素导致风险客观存在。主要表现在：网络系统安全风险，主要指网络信息化系统受到信息技术发展自身规律的限制，会不可避免且不时地出现一些系统漏洞，如果这些漏洞被一些不法分子或者网络黑客所利用，就可能造成会计数据被窃取、篡改或丢失；从业人员的职业道德风险，主要是指会计人员为谋取个人私利或者被人利用，利用自身的工作便利，对信息系统进行非法操作；自然灾害和责任事故风险，主要是指自然灾害或者人为责任事故的发生，导致信息系统的硬件或软件部分受到损毁，致使信息系统瘫痪或会计数据丢失的风险。安全风险的客观存在，威胁到高校财务管理信息化的建设和发展。

第二节 高校财务智能化研究

一、高校智能财务平台建设

1. 制度建设定标

梳理学校制度清单，涉及党政工作类、人事工作类、财务工作类、团学工作类、后勤工作类及其他工作类。

编制操作手册，如网上报销平台使用手册，财务业务经费及项目经费查询手册等，在实践中对其不断优化更新以适应财务智能化建设需要。

通过制度梳理、完善、更新，把线下业务按制度要求移至线上进行规范，借助智能财务平台，以制度明确角色任务，改善现有的财务环境，畅通信息传递通道，提高工作效率，提升管理能力。

2. 平台建设定准

平台软硬件建设。智能财务建设中，应综合考虑学校基础条件，以智能化建设为目标，筛选出哪些是已建成的，哪些是需要补充的，哪些是需要建设的，以适应学校管理需要。为畅通财务数据传输通道，提高财务数据存储能力和使用效果，完善硬件适应性配置，以满足学校财务管理需要。应选择合格的系统软件供应商，加快先进技术应用。

平台基础信息建设。优化现有的财务管理信息系统，补充完善会计基础工作。基础信息建设包括：教职工工号认定、银行信息、身份证信息、签名导入、学生信息导入等。为了顺利开通网上报销系统，尽量考虑不同流程、不同类型的项目，排除潜在问题，夯实平台基础，推动平台建设顺利开展。

平台系统维护及完善。任何平台的使用都具有本单位的特点，需要不断维护和完善。例如网上报销系统在使用过程中不断升级更新，在使用过程中增加密码找回、多种支付方式、扫二维码上传附件、存疑退回等功能，要通过不断完善，提升网报服务质量，为实现全面网报奠定基础。

平台系统互关互联。高校财务信息系统使用的是同一个系统供应商，各信息系统之间不是独立的个体，它们互联互通，即网上报销系统和财务账务处理管理系统，学生缴费系统、综合查询系统、预算管理系统等之间的数据相互关联。财务系统平台通过相关运营商对接，数据相互提取，可以实现数据的一致性、通用性和高效性。信息在各系统之间搭建，使信息相互传递和交换，可促进财务信息资源的有效共享。

3. 内控建设定纲

智能财务模式下，大学规章制度应用及财务原始数据由线下转为线上进行，由零散的转为系统的，由纸质的转为电子的，这种变化有利于财务操作标准统一，数据之间提取自由，能够做到实时监控。高校内部控制可以以内部控制报告填报平台为依托，在业务层面，以财务预决算、财务收支、固定资产管理、资产采购、合同管理关键业务为突破口，扩展至招生、科研、校办企业等，财务信息具有可传递性，形成一体化全方位控制体系，增强内部控制信息的准确性和可控性，同时也可以预警财务风险向新的方向转移。

4. 网络安全定保

智能财务下，财务信息安全包括软硬件风险、信息传输风险、数据存储风险、人员风险等。在信息开放环境下，必须建立网络安全信息系统。一是财务内部要增强财务人员网络安全意识，严格执行系统操作规范，财务数据要及时备份、定期杀毒、按要求升级，对财务信息安全不断加固，或由精通计算机的专业人员负责监督检查维护。二是财务信息安全捆绑于学校整体信息安全建设之中，由学校专业技术人员进行维护，或在学校信息安全控制下进行统筹，建立独立的网络安全信息系统。三是学校财务信息安全与系统供应商合作或委托第三方建立网络安全信息系统，信息安全交由专业人员进行系统维护。要高度重视财务信息安全，全面考虑，确保财务信息安全、完整、准确。

5. 开拓创新促发展

综合运用多种方式方法，拓展智能财务建设新渠道。高校依托"智慧校园"建设，开展"银校合作"项目，把学校涉及教职工福利、学生奖助学金、校园卡资金结算、师生金融服务及相关增值服务等事项，委托合作银行办理，银行为学院提供"智慧校园"建设保障，涵盖学校智能财务建设，为学校智能财务发展服务。

二、高校智能财务建设面临的问题

1. 财务信息化实行线上线下混合过渡

当前财务基础性工作做得还不彻底，智能财务建设过程中一些应有的功能无法顺利实现，没有真正做到智能化，降低了用户的智能化体验。如涉及学生大批量支付的"奖、助、勤、贷、补"等，由于基础性数据填报有误，导致网报时无法顺利提交。虽然网报操作规程、操作视频等公布于学校公开网站和交流平台等，但一部分人员不用不看，用时不学，遇到困难后退，更愿意面对面来解决问题，这就使在用的财务综合查询系统、预算管理信息系统、网络报销信息系统、缴费管理信息系统等，均存在线上、线下混合过渡的现象。

2. 智能财务平台关联度有待提高

财务各平台之间虽有一定关联，但还存在很多不足。智能财务系统多集中在部门内部，尚未形成跨部门联合、整个学校"一盘棋"的状态，对智能财务的运用程度完全依赖于技术开发商。对科研管理、学生管理、人事管理、固定资产管理、学生公寓系统、学生"奖、勤、贷、补"管理、固定资产管理、国库集中采购、合同管理、基建管理等数据，还没有做到互联互通，数据传输不够完整，耗时费力，仍然需要财务人员进行二次整理。

3. 智能财务人才缺乏

由于传统财务工作形成的惯性思维，财务人员对新信息新技术的利用仅浮于表面，敏感度较低。高校会计人员专注于财务与会计相关业务处理及简单的计算机操作，且对计算机操作应用深度不够。财务人员对数据采集统计整合度不高，影响了智能财务使用效果。

4. 网络安全问题没有得到及时解决

财务硬件落后，服务器老旧，经常因数据拥堵导致财务信息系统使用中断，这在数据量大的情况下，容易出现"数据丢包"现象，无法保障使用质量。应将财务网络安全纳入学校网络安全管理体系之内，高校智能财务工作的开展需要在保证财务信息安全和保密的前提下进行。

三、完善高校智能财务建设的方法

1. 科学合理规划，多方联动形成合力

要推进高校智能财务建设，必须结合高校自身财务管理情况、人才储备情况、信息技术情况、业务开展情况以及对数字化技术发展阶段的把握，制定科学的整体规划，分领域、分步实施。在保证科学合理规划的基础上，以高校数字化转型为契机，积极争取学校领导层面的支持，为其顺利实施提供保障；以共同创造价值为导向，争取得到横向业务部门的理解，引导业务部门积极参与改革建设；财务部门应以业务需求为导向，充分运用数字技术支撑，及时响应业务需求，做好沟通协调工作和财务服务保障工作，全面促进业财融合。只有通过多方联动形成合力，才能将智能财务建设落到实处。

2. 压缩冗余，优化流程，实现价值创造

为实现智能财务建设价值创造的最终目标，高校智能财务建设应优化管理模式、提高服务水平，以数字技术为依托，进一步转变财务职能，从以核算为基础的管理职能，到强化管理会计职能，优化业务流程办理，并实时提供预测、决策、内部控制等管理支持，为管理决策提供依据，实现数据价值增值。

3. 尊重规律，循序渐进，注重风险管理

对于相对保守稳健的财务部门，科技进步是把双刃剑，在提高效率的同时，势必对现有的财务管理流程带来巨大冲击，高校应充分认识到新技术提升效能的同时带来的风险，尊重客观规律，循序渐进地推动各类数字技术在财务管理中的应用，如大数据、财务云、电子发票、移动支付等在智能财务建设路径上可以先行先试，大数据挖掘分析、智能机器人以及区块链技术等对路径后期作用较大的技术，可以后续推进；同时完善流程设计和岗位分工，形成有效内部控制，降低技术风险。另外，智能财务建设的最重要资产来源于"数据资产"，大数据分析、5G技术、区块链技术等运用均基于网络通信，因此，应特别注重网络安全，不仅从技术上保障网络安全，还应从内部控制管理规范上做好风险管理，包括组织风险和人员风险等，确保智能财务的建设有稳定的技术环境支持。

4. 加强复合型人才培养，推动智能财务建设

数字化时代的智能财务建设要求在财务管理过程中充分运用各种数字技术，并积极融入业务一线，体现财务价值创造，这也对高校财务人员提出了全新的要求。因此，高校在人才的培养上需要更有针对性，改变现有培训大部分只针对财务管理层的局面，实现数字化智能财务培训的全覆盖，通过培养理念、储备知识、传授技能使智能财务建设真正在财务人员中引起关注和共鸣。同时，注重财务人员的分类培养，结合智能财务建设规划，分阶段对数字技术人才、业务人才进行重点培育，加强复合型财务人员的培养，在财务人员队伍中起到引领示范作用。最后，加强人才交流机制建设，定期集中进行财务、业务和技术方面的汇报交流，形成良好的沟通氛围，促进财务人员共同进步，切实以人才为驱动力，推动高智能财务建设。

高校智能财务建设是一个复杂的系统工程，更是一个漫长的过程，但不是空

中楼阁，而是社会发展和技术进步的必然趋势，看得清，摸得着，对一流大学建设有着积极意义。因此，高校要做好科学规划，纵横协调，稳步推进，高校财务部门要主动作为，切实提高财务管理水平，积极推动业财一体化，实现价值创造，为高校整体数字化转型提供坚实保障，为新时代高校高质量发展保驾护航。

参考文献

[1] 蔡兰英.数字赋能高校财务信息化建设举措 [J].财务与会计，2022(24):2.

[2] 陈晨.高等教育内涵式发展背景下高校财务预算管理经验与启示 [J].科学咨询，2022(14):8-10.

[3] 程君.高校后勤社会化改革中的财务管理和会计核算问题研究[J].当代会计，2019(5)：12-15.

[4] 高振东，张晓铭，肖飞.新时期高校内部财务审计问题研究 [J].人文之友，2020(8):121.

[5] 郭海阁.新时期高校财务审计的难点与对策 [J].财讯，2021(11):105-106.

[6] 郭秀国.高校财务内部控制现状和问题研究 [J].中国乡镇企业会计，2019(10):2.

[7] 郭志伟.对新时期我国高校财务审计难点与对策的思考 [J].中外企业家，2020(2):1.

[8] 何真朱.基于COSO报告的高校财务内部控制建设 [J].农村经济与科技，2020(2):2.

[9] 江慧.信息化背景下高校财务内部控制体系研究 [J].教育财会研究，2019(4):4.

[10] 孔燕.新时期高校财务审计中的问题与对策研究 [J].经济研究导刊，2022(9):3.

[11] 李静.高校后勤财务管理面临的问题与对策 [J].行政事业资产与财务，2022(12):3.

[12] 李祉静.关于优化高校财务内部控制体系的探析 [J].财讯，2019(2):2.

[13] 刘闫锋.互联网背景下高校财务内部控制体系研究 [J].2021(3):69-72.

[14] 罗丽.高校财务预算管理与成本控制问题 [J].管理学家，2022(9):55-57.

[15] 蒲天银，杨俊.高校财务内部控制信息化建设体系研究 [J].企业科技与发展，2019(5):3.

[16] 蓝晴.构建财务共享中心 助推高校业财融合 [J].经济师，2023(2):3.

[17] 孙丽娟，宋伟红，李淑花.大数据时代下的高校财务信息化建设研究 [J].现代经济信息，2019(11):1.

[18] 汪静.高校后勤财务预算管理探究 [J].市场周刊·理论版，2020(6):81.

[19] 徐颖.信息化背景下加强高校财务内部控制路径探讨 [J].市场周刊，2022(11):114-117.

[20] 薛艳春.新会计制度背景下高校内控管理问题及解决对策[J].经济管理研究，2020(2):23-24.

[21] 印卫华.财务管理视角下高校财务内部控制建设研究[J].金融与经济，2020(9):3.

[22] 詹必杰，林丹，杨可军.基于智慧财务的高校财务内部控制优化[J].财会月刊，2022(13):7.

[23] 张瑞云.高校后勤财务管理模式分析[J].财经界，2022(12):3.

[24] 赵瑞.高校财务信息化建设研究[J].企业科技与发展，2019(1):2.

[25] 周阳兵.新形势下高校后勤财务管理模式转变及思路分析[J].经济与社会发展研究，2020(11):1.

[26] 吴海燕.实务操作下高校财务预算与会计核算的协调[J].财会学习，2022(8):79-81.

[27] 张琴，毛成银.高质量发展背景下高校财务预决算审计创新策略研究[J].商业会计，2022(7):76-78.

[28] 李林婧.新时期高校财务预算改革与绩效管理实践探索[J].中国产经，2022(16):3.

[29] 沈明.基于业财融合视角下的高校财务预算管理转型路径探索[J].中文科技期刊数据库（全文版）经济管理，2023(3):4.

[30] 徐瑶.探讨内控理念下高校财务预算管理的优化思路[J].中文科技期刊数据库（全文版）经济管理，2022(8):3.

[31] 徐赢政.高校财务报告分析指标体系研究[J].中国乡镇企业会计，2023(1):3.

[32] 郭敏.国外高校财务预算绩效目标管理经验与启示[J].教育财会研究，2019(1):5.

[33] 张冬平.新会计制度下高校财务预算研究[J].中国民商，2019(6):234-234.

[34] 孔庆法.大数据背景下高校财务预算考核监督优化研究[J].商业会计，2022(4):4.

[35] 刘静，李靖，曹志刚.高校财务预算管理机制的改革和创新研究[J].新商务周刊，2019(4):1.

[36] 梁勇，干胜道，黄娅.基于"业财融合"的高校财务预算管理思考[J].财会通讯，2022(2):160-165.

[37] 王璐.事业单位预算管理与财务管理模式创新探究[J].财经界，2019(21):1.

[38] 吴琼.高校财务预算，核算，决算一体化问题研究[J].经济师，2022(11):85-86.

[39] 薛艳春.新会计制度背景下高校内控管理问题及解决对策[J].经济管理研究，2020(2):23-24.

[40] 李华军.高校内部财务治理影响因素及治理成效分析——基于54所高校的问卷调查［J］.会计之友，2018(7):141-145.

[41] 姚晖，俞剑文.基于公开信息的高校财务治理水平测度研究［J］.财会通讯，2019(5):50-54.

[42] 夏雪.高校绩效评价指标体系与绩效预算分配实证研究［J］.西南师范大学学报（自然科学版），2016(4):190-194.

[43] 杨柳.浅谈企业财务管理观念创新发展［J］.现代企业，2020(1):148-149.

[44] 康智云.新时期高校财务管理面临的挑战与理念创新［J］.财会研究，2011(5):41-43.

[45] 徐菱.新形势下高校财务管理问题与观念的创新探讨［J］.特区经济，2015(1):156-157.

[46] 陈少杏."放管服"形势下高校财务管理问题与对策——以广东省为例［J］.商业会计，2018(9):49-51.

[47] 谭红.高校财务管理亟须大财务观念[J].大众标准化，2008(1):2.

[48] 刘萍，周世珩，袁蒙.大数据时代下的高校财务信息化建设研究［J］.中国管理信息化，2021(9):65-67.

[49] 顾效瑜,刘沛.民办高校流动资产绩效评估指标体系的构建[J].新经济，2015(32):2.

[50] 杨柳.新形势下高校财务管理工作的探讨[J].辽宁行政学院学报,2016(3):53-57.

[51] 张扬.高校财务预算与绩效管理研究[J].2021(3):114-115.

[52] 严雅琴.高校财务预算精细化绩效管控路径管窥[J].中文科技期刊数据库(全文版)经济管理，2022(8):3.